企業として見た戦国大名

真山知幸 著

彩図社

はじめに

戦国時代――。

それは、15世紀末から16世紀末にかけて、強者たちが無数の合戦《かっせん》でしのぎを削った、かつてない群雄割拠の時代である。

中央政府がもはや機能不全に陥るなかで、それぞれの地域では、守護・守護代・国人《こくじん》など、多岐にわたる階層を出身とした武士たちが台頭。有力者が戦国大名となった。戦国大名は、豪族たちを家臣としながら、領国（分国）をつくりあげ、独立した地方政権を樹立。地の利を生かしながら、積極的に領国経営を行い、勢力を伸ばすことをもくろんだ。

ひるがえって、私たちが生きる現代社会では、各企業が同業他社と日々競争を繰り返し、従業員の雇用を守りながら、利潤を追求している。

組織が大きければ大きいほど、強大なパワーを持ち、市場を我が物顔で跋扈《ばっこ》する。一方で、必ずしも、大企業がいつも生存競争に打ち勝つわけではない。

とりわけ、ベンチャー企業の創業がしやすくなった昨今、スタートアップしてまもない企業が、独自の技術で市場を創出し、その勢いにおいて、大企業をもしのぐケースは世界中でみることができる。組織が小さいなら、小さいなりの利点を生かせば、誰もがその名を知る大企業を出し抜くことも珍しくはない。

食うか、食われるかの実力社会。そう、下位の者が上位の者に打ち勝つ下剋上《げこくじょう》が頻発した戦国時代と、私たちが生きる現代社会は、非常によく似てはいないだろうか。

そして、織田信長、豊臣秀吉、徳川家康といった名だたる戦国大名たちもまた、現代企業の経営者と同じく、人材をリクルートし、育成して、成果を上げるべく、トライアンドエラーを繰り返していた。彼らの打ち出した内政政策や外交方針、または、心情を吐露した手紙からは、下で働く家臣たちのために、意外なほど心を砕いていたことに驚かされる。それもそのはず、どれだけの実力者であっても、1人では事をなし得ない。それは戦国の世でも、現代のビジネスの世界でも同じことだ。

本書では、戦国大名を企業に見立てながら、現代の経営者だったら、彼らはどんなトップで、どんな経営をしていたかを読み解いた。

勇猛果敢にみえる戦国武将たちもまた、マネジメントに苦悩しながら、暗中模索し、失敗と成功を繰り返しながら、組織のリーダーとして、悩み多き日々を過ごしていた。

これまでにない観点で、戦国時代を楽しんでいただきながら、戦国大名たちのことをさらに身近に感じてもらえれば幸いである。

企業として見た戦国大名 目次

徳川家

【人材を生かして組織力を強化したホワイト企業】——51

不自由を常として機を待つ／他人次第の人生を自分らしく／上からの指示はすぐにやる／敵対勢力を自軍に引き込んだ／信長の凱旋帰国をプロデュース／ステップアップは慎重に／世代交代と健康管理も抜かりなく

武田家

【アピール上手だけど内情は危ない老舗企業】——71

伝統ある名家に生まれた「甲斐の虎」／信虎はなぜ「暴君」となったのか？／ふり返れば誰もついてきていなかった／家臣への気遣いが生んだマネジメント術／「常勝軍団」の演出に余念がなかった／具体的に恩賞を示した／優秀な後継者候補を潰す／事業継承がうまくいかなかった

上杉家

【努力や苦労が報われないブラック企業】——97

豪雪地帯での過酷すぎるプロジェクト／お上の後ろ盾がほしくてたまらない／すべてを投げ出して逃亡／臣下に気を遣われまくっていた／困った社長だが、どこか憎めない

・年は年代をイメージしやすいよう西暦を主とし、日本の年号は（　）に入れています。
・年月は旧暦をもとにし、西暦には換算していません。
・年齢は、特に注意がない限り生れた年を0歳とし、以降元旦で1歳加える周年で表記しています。
・本文イラストはイメージです。

織田家
実力主義でトップが恐い
ベンチャー企業

キーパーソン

▼織田信長（1534 ～ 1582）

尾張国生まれ。18 歳で織田家の家督を相続し、35 歳で尾張を統一。26 歳で今川義元を桶狭間で破ったのを皮切りに、美濃の攻略、将軍足利義昭との関係強化などにより勢力を伸張。浅井家・朝倉家・武田家を滅ぼした他、義昭との仲が険悪になるとこれを京から追放して、権力を集中させた。天下統一は目前だったが、本能寺で明智光秀に討たれて没する。

即断即決の実行力でメキメキ頭角を現す

破竹の勢い――とは、まさにこのことだろう。戦国の世を猛スピードで駆け上がった、織田信長のことである。

もともと信長は、尾張の「大うつけ」（大馬鹿者）といわれるほど、奇妙な行動をとる少年として地元では知られていた。それだけに、父の織田信秀《のぶひで》が亡くなり、うつけの信長が18歳で織田家を継いだときは、周囲の誰もが織田家の行く末を案じたに違いない。

だが、信長はわずか一年の間に、尾張下半国《おわりしもはんごく》の拠点である清洲城《きよすじょう》の他、那古野城《なごやじょう》、守山城《もりやまじょう》を掌中にしてしまう。その決断力と行動力は、並み居る戦国武将たちをも圧倒することになる。

日の出の勢いを得た信長が率いる織田家は、現代の会社組織でたとえれば、そう、時勢を味方につけて急成長したベンチャー企業そのものだった。

小さな組織が、障壁をものともせずに猛然と目標に突き進むには、明確かつ壮大なビジョンが必要となる。いわゆるビジネスでは企業理念にあたるものが、織田家にもあった。

◎織田家周辺地図

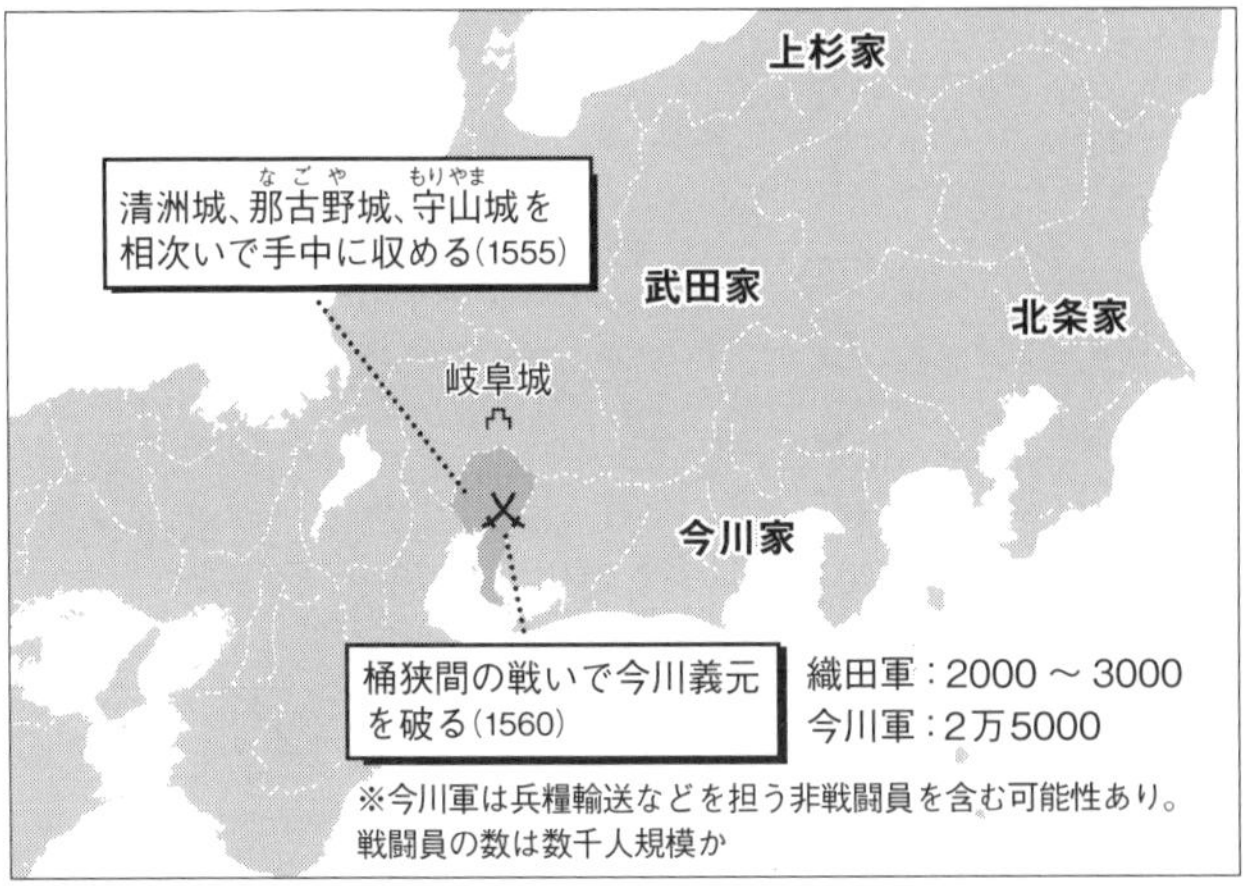
上杉家
清洲城、那古野《なごや》城、守山《もりやま》城を
相次いで手中に収める（1555）
武田家
北条家
岐阜城
今川家
桶狭間の戦いで今川義元
を破る（1560）
織田軍：2000 ～ 3000
今川軍：2万5000
※今川軍は兵糧輸送などを担う非戦闘員を含む可能性あり。
戦闘員の数は数千人規模か

それは「天下布武《てんかふぶ》」というスローガンだ。つまりは、「天下統一」である。「武力をもって天下を平定する」という意味で解釈されることが多いが、「武」は武力ではなく、『春秋左氏伝《しゅんじゅうさしでん》』の「七徳《しちとく》の武《ぶ》」（武の七徳）とする解釈もある。

また昨今の学説では、「天下布武」の「天下」とは、京都もしくは京都周辺を指し、信長は「天下布武」に「足利幕府を再興する想いを込めた」という新説も定着しつつある。

これまで「革命児」としてもてはやされてきた信長の新たな一面を掘り起こそうとするあまりに「信長は実は保守的だった」と強調するのが、昨今のトレンドのようだ。

そういった面ももちろんあっただろうが、

信長の行動を客観的に見たならば、その斬新さが失われることはない。

信長の掲げた「天下布武」。武田信玄の分国法を始めに、「天下＝日本統一」の意味合いで使われている文書はいくつもある。この「天下」は日本全国を指すと考えるのが自然だろう。

これから自分たちが繰り広げる合戦は「天下平定を目指すための戦い」なのだと、信長は臣下たちに伝え、理解させ、猛スピードで実行に移した。

わざわざ「天下布武」の文字を印に刻み、信長は書状を出すたびにそれを押した。メールを送るとき、フッターに常に企業理念を掲げるようなものである。

それだけビジョンを大切にしたからこそ、織田家は急成長することができたのだ。

クーデターにはすぐさま対処

ベンチャー企業の強みは、何といっても、機動力だ。

大きな組織では、一つの物事を決めるにも、手続きが煩雑でスピード感に欠けてしまう。小さな組織だからこそ、素早く意思決定をし、行動に移すことができる。

信長もまさにそうだった。国内の平定戦において、信長の軍は、たぐいまれな機動力を発揮した。

1568（永禄《えいろく》11）年、信長は足利義昭《あしかがよしあき》を室町幕府第15代将軍に擁立する。室町幕府の将軍という権威を利用しようとしたのだ。

ベンチャー企業は、実力が十分でも、歴史が浅いため、信用を得ることがなかなか難しい。公の事業を請け負って、国とつながりを持つことで箔をつけようとする企業もある。信長もまた自身の正当性をPRするために、自分の意向に従いそうな将軍を擁立して「室町幕府の立て直し」という国の一大事業に乗り出したのだ。

それに反発したのが、三好三人衆《みよしさんにんしゅう》（三好長逸《ながゆき》・三好宗渭《そうい》・岩成友通《いわなりともみち》）である。三好三人衆は斎藤龍興《たつおき》・長井《ながい》道利《みちとし》らと組み、義昭のいる本圀寺《ほんこくじ》（京都市山科区）を襲撃した。信長が美濃へ帰国したタイミングを見計らっての急襲だった。

「ワンマン社長さえいなければ、織田軍なんぞなんてことはない！」

そんな思惑があからさまなほどに伝わってくる。すべては計画どおり……のはずだった。

だが、知らせを聞いた信長のスピードは尋常なものではなかった。尾張から京都へ。当時、普通に駆けつければ通常3日はかかるところを、豪雪という悪天候にもかかわらず、わずか2日で駆けつけて、事なきを得ている。

勝負の局面もあえて事前には伝えず

1560（永禄3）年、駿河《するが》の戦国大名である今川義元《いまがわよしもと》を信長が破った「桶狭間《おけはざま》の戦い」も、まさにベンチャー企業の戦い方そのものだった。

尾張に進行してきた今川家は2万5000ともいわれる大軍。対して、迎え撃つ信長側の兵は、わずか3000人である。圧倒的に数的不利な状況だったが、信長は、桶狭間付近で休息をとる今川軍に奇襲をかけることで勝利を収めた。

この奇襲攻撃については諸説ある。信長軍が密かに山中に迂回して、今川軍を背後から襲ったというのが、長く定説とされてきた。だが、近年は最短コースで正面から奇襲を仕掛けたのではないかともいわれている。また、今川軍が分散しており、実はそれほど兵力の差がなかったのではないかという説もある。

実に約460年経つ今でもなお、その真相について議論がなされる「桶狭間の戦い」。小さな組織が大きな組織を打ち破るカタルシスは、いつの時代も、それだけ人々の心をとらえて離さないということだろう。

奇襲ばかりに着目されがちだが、桶狭間の合戦前夜の過ごし方もユニークなものだった。奇襲のタイミングが狂えば、すべてが台無しになってしまう。いわば、会社の命運をかけたプレゼンの前夜ともいうべきときだが、信長は軍議を開くこともなく、さっさと寝てしまったという。

全く打ち合わせなし。これも大きな組織ならば、考えられないことだ。無謀なようにも思えるが、これもまた信長なりに考えたうえでの行動だった。

自分が兵の立場に立ったならば、前夜にそんな重大な作戦を知らされてはとても眠れないし、逃げ出したくなる気持ちでいっぱいになるだろう。自分の意思がすぐさま伝達できるベンチャー企業だからこそ、信長はあえて皆には伝えずに、当日に命令を下すという方法がとれたのである。

勝負の日、出陣に際して、信長は鎧を着込み、立ちながら湯漬けをかきこんだ。そして、その勢いのまま、奇襲をかけた。うまくいくのかどうかと、不安になる暇もなし。相手にとっては、予想外の展開である。ぬるま湯の大企業体質の今川軍は、たまったものではない。大番狂わせのチーム信長の大勝利。それは、ベンチャー企業魂がいかんなく発揮された結果だといえよう。

実力主義でどんどん抜擢した

しかし、組織が小さいというだけで戦に勝てるほど、戦国時代も、ビジネスの世界も甘いものではない。資金がないうえに、人手が足りない。そんなハンデを背負いながらも、大企業をおびやかすほどの機動力を発揮するには、人材の質とマネジメント体制が問われる。

信長は1552（天文《てんぶん》21）年、織田家の当主となった。引き継いだ時点での織田家は弱小そのもの。少数精鋭で戦わなければならない織田家を率いる信長にとっては、「いかに優秀な人材を抜擢するか」が最重要事項だった。

信長による抜擢で、最もよく知られているのは、豊臣秀吉だろう。下層民の出身にもかかわらず、秀吉は信長に取り立てられて、猛スピードで出世の階段をかけのぼっていく。

信長は、秀吉のような実力者には新たに部下をつけたり恩賞を与えたりするなど、目に見える形で褒美を与えて向上心を刺激した

秀吉は1564（永禄7）年、美濃国の斎藤龍興《たつおき》との戦において、斎藤氏側の武将の寝返り工作に成功している。寝返らせた相手は、松倉城主《まつくらじょうしゅ》の坪内利定《つぼうちとしさだ》である。そのとき坪内氏に宛てた知行安堵状《ちぎょうあんどじょう》（領地を保証する際の文書）に、「木下藤吉郎《きのしたとうきちろう》秀吉」と副署されていることから、信長からすでに有力視されていたことがわかる。美濃攻めのころに秀吉は、台所奉行にまで出世。食事にかかる燃料費を節約するなどして、成果を認められている。

斎藤氏が滅亡すると、秀吉の要望に応えるかたちで、竹中重治《たけなかしげはる》が下に付けられた。他に、牧村利貞《まきむらとしさだ》、丸毛兼利《まるもかねとし》らも与力《よりき》として、秀吉に与えられている。

部下を与えられて、秀吉が張り切らないわけがない。１５６８（永禄11）年には、箕作城《みつくりじょう》が主戦となった「観音寺城《かんのんじじょう》の戦い」で活躍。信長が上洛するにあたっては、京都の政務を任された。

その後も出世し続けた秀吉。家臣にチャンスを平等に与えた信長は、秀吉には調略の才があることを見抜いていた。寝返り工作を担当させ、秀吉もまたその期待に応え続けて、結果的に織田家に大きく貢献することになる。

もし、織田家でなければ、秀吉がこれほど出世することは難しかったに違いない。兵の数に頼ることができないベンチャー企業、いや、織田家の状況を考えれば、秀吉の抜擢は、偶然ではなく、必然だったのだ。

そんな秀吉よりも信長に評価されていた男がいた。のちに「本能寺の変」を起こし、信長の命を奪う明智光秀である。光秀は、任官した時期こそ遅かったものの、家中で最初の城持ち大名となっている。丹波（現在の兵庫県）を領有した他、謀反を起こす直前には、与力も含めれば、畿内一円を統治した。

その他、滝川一益《たきがわかずます》、丹羽長秀《にわながひで》、堀秀政《ほりひでまさ》らも、秀吉や明智と同様に、信長のもとで競い合っ

◎織田信長の配下による敵対勢力攻略戦

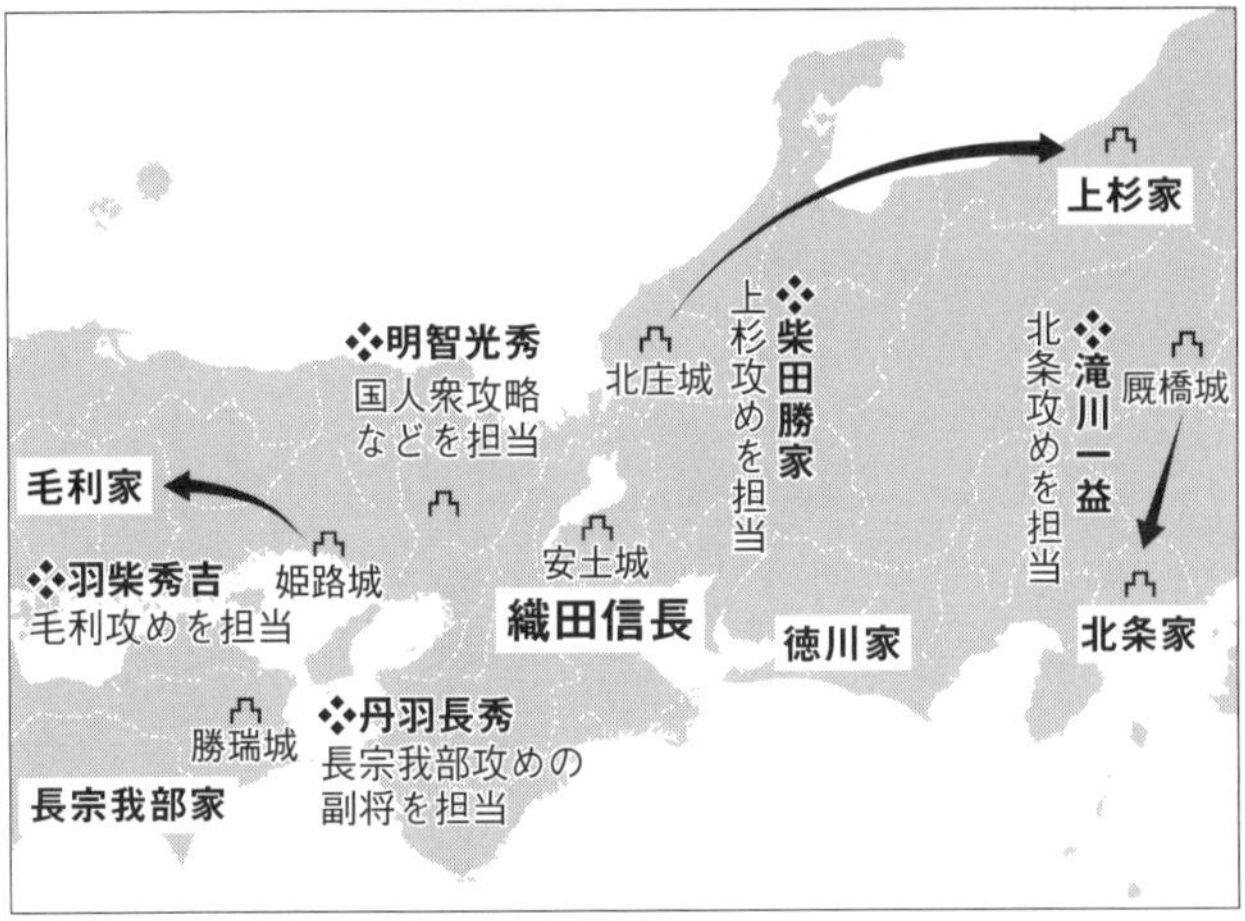

た。それは、現在の部下たちの実力を引き出すマネジメントそのものだといっていいだろう。

歴史家の加来耕三氏は『信長の謎―徹底検証』で、織田家の風通しのよさを次のように書いている。

「信長は人事について形式やルール、慣例などにはとらわれない。やりたいといい、それまでに実績さえ示していれば、家臣には機会を平等に与えた」

硬直的な人事を行っていては、飛び抜けた人材を育てることは難しい。

他人のことなどおかまいなしに行動しているように見える信長だが、人事配置の肝をよく理解していたのである。

活躍したときのリターンがでかい

実績重視のイケイケなベンチャー企業。もちろん、やりがいだけではなく、報酬も重要なモチベーションとなる。

信長は、秀吉や光秀など、優秀な部下にはポジションを与えつつ、他国を征服したときは、功績に応じて土地も与えている。

「宿敵の武田を討つ」という一大プロジェクトが成功したときは、好調な業績に対する決算賞与を思わせるほど、大盤振る舞いをした。河尻秀隆《かわじりひでたか》には甲斐国《かいのくに》、徳川家康には駿河国、滝川一益には上野国《こうずけのくに》、森長可《もりながよし》と毛利《もうり》長秀《ながひで》には信濃国《しなののくに》のうち四郡を与えている。最も活躍した息子の織田信忠《のぶただ》には「天下」を譲ると公言したくらいだ。

それだけではない。

信長は優秀な部下には、茶器をプレゼントすることでも士気を上げていた。丹羽長秀には珠光茶碗《じゅこうちゃわん》、柴田勝家には乙御前釜《おとごぜがま》・柴田井戸（茶碗）を与えた。さらに、息子の織田信忠には、初花肩衝《はつはなかたつき》・松花茶壺《しょうかちゃつぼ》・竹子花入《たけのこはないれ》・藤波平釜《ふじなみひらがま》・道三茶碗《どうさんちゃわん》・珠徳茶杓《しゅとくちゃしゃく》などを褒美として与えている。

さらに信長が用意周到なのは、その茶器に価値が出るような仕掛けをあらかじめ行っていたことだ。信長は武将が勝手に茶会を開くことを禁じて、自分が認めた者だけに茶器を与えて茶会を開くことを許した。いわば、茶会の認定制度を設けることで、茶会に付加価値を付けたのである。さしずめ、自社セミナーを開催して、認定制度を設けたようなものだろう。

そのねらいは見事にあたり、部下からねだられるほど、信長が贈る茶器は好評だった。滝川一益からも、褒美として「珠光小茄子《じゅこうこなす》」という茶器をほしいとリクエストされることもあった。そのとき、信長は「もっと手柄を立てたらな」と答えたという。馬の鼻先に人参をぶら下げるがごとく、戦功を立てるように、茶器をフル活用したのだ。

なにしろ、褒美として家臣に与えられる土地には限界がある。だからこそ、信長は茶器を与えることを考えたのだろう。

優秀な人材を抜擢して、結果を出せば、報酬を与える――。それぞれが自主的に動いて結果を出す仕組みを、信長は整備していたのだ。

成績次第では、転勤やクビも容赦なく

一見、家臣として仕えるのであれば、理想的な環境といえそうな織田家。結果を出せば、年次にかかわらず、しっかり評価されるのだから、若者にも人気が高そうな組織である。

だが、ワンマン社長のもとで働くのは、そう楽なことではない。

まず、織田家では、合戦に参加する頻度が高かった。やりがいがある一方で、過酷な環境であったことは間違いない。

また、戦略のためには、地方に飛ばされたし、信長の意に添わなければ、容赦なく更迭、つまりクビにされることもたびたびだった。信長自身は自由奔放に振る舞いながら、家臣は高い忠誠心を求められ、絶対服従が常だったのだ。

信長が、家臣からいかに恐れられていたか。宣教師のルイス・フロイスは、次のように記述している。

「私が美濃国で目にしたすべての事物の中でもっとも驚いたのは、この国主が家臣より驚嘆すべき迅速さをもって奉仕され、外来の人々より異常なまでの畏敬の念をもって崇められて

◎本能寺の変

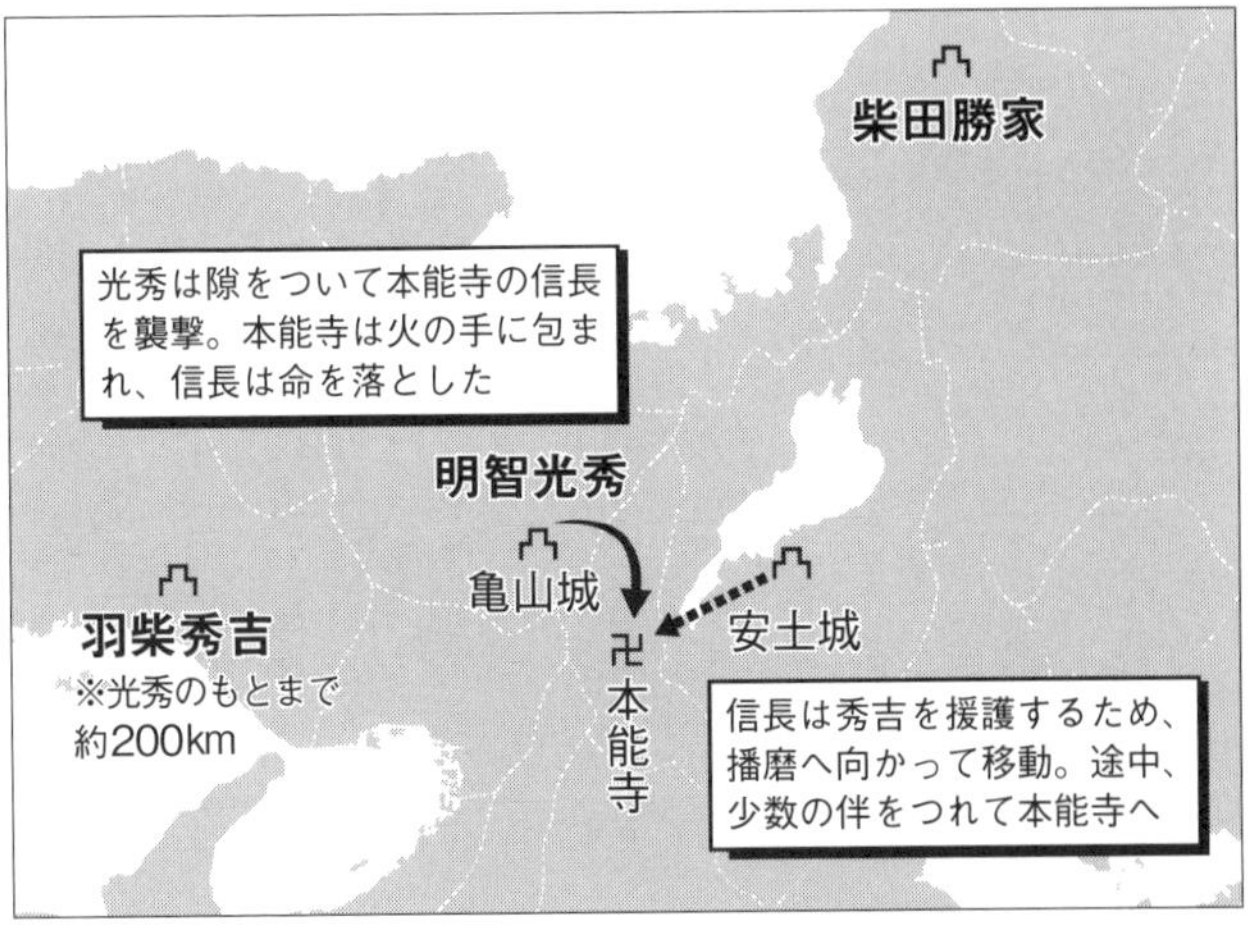
柴田勝家
光秀は隙をついて本能寺の信長を襲撃。本能寺は火の手に包まれ、信長は命を落とした
明智光秀
亀山城
羽柴秀吉
※光秀のもとまで約200km
安土城
本能寺
信長は秀吉を援護するため、播磨へ向かって移動。途中、少数の伴をつれて本能寺へ

いることである。

すなわち、彼がわずかに手で立ち去るように合図をするだけで、彼らはあたかも眼前に世界の破滅を見たかのように互いに重なり合って走り去るのであり、公方様がもっとも寵《ちょう》し、この都で非常な権勢を有する貴人らも信長の前では両手と顔を地につけるのであり、彼らの中に顔を上げる者は1人もいない」

これでは、恐怖政治そのものである。

つまり、信長の意向をきちんとくんで結果を出せる武士にとっては、実力主義の申し分ない環境だが、結果が出せない武士にとっては、ブラック企業そのものだった。

ブラックなベンチャー企業の長短を一番

肌で感じたのは、明智光秀かもしれない。

実力主義だからこそ、城持ちとなり、大きな権限を持った光秀だったが、出世すれば任せられる仕事も大きくなり、失敗したときの責任も大きい。

信長の思ったように物事が運ばないと、光秀は頭をはたかれたり、突き飛ばされたりと、信長から暴行を受けた。首に槍先を突き付けられることもあったともいわれている。

完全なるパワハラ案件だが、ワンマン社長の暴力を止められる者が周囲にいなかったことは、想像に難くない。

そうしてストレスが頂点に達した光秀がこう考えたとしても何ら不思議ではない。

「もはや信長を殺すしかない……」

そうして起きたのが、1582（天正《てんしょう》10）年の「本能寺の変」である。部下の思わぬクーデターに、信長は命を落とす。さらに、信長の嫡男で織田家当主である信忠も自害に追い込まれている。

カリスマ性のあるワンマン社長でまとまっている企業は、トップが崩れ出すと速い。ベンチャー企業・織田家は一代で隆盛を極めたが、一代で崩壊して、歴史の表舞台から姿を消すことになる。

信長自身も自分の言動をふり返って、部下の反乱もやむなしと思ったのかもしれない。信長が、放たれた火が燃え盛るなか、こう最期の言葉を残したのはあまりにも有名だ。

「是非《ぜひ》に及ばず（しかたがない）」

信長は、人間の機微を理解したうえでのマネジメントを行っていたが、注文をつけるならば、やや厳しすぎた。とはいえ、緩めすぎれば、組織の規律は乱れる。そのあんばいはいつの時代も難しい。

だが、もし、もう少しだけ部下に寛容なマネジメントをしていたならば、クーデターを起こされることもなく、天下統一を成し遂げていたかもしれない。

豊臣家
企業買収で急成長した新興企業

キーパーソン

▼豊臣秀吉（1537頃～1598）

尾張国生まれ。足軽、百姓など低い身分の生まれだったと考えられる。はじめ木下藤吉郎、のちに羽柴秀吉と名乗る。10代後半で織田信長に仕官すると頭角を現し、またたく間に織田家の実力者に。信長の死後、明智光秀、柴田勝家を破り、信長の後継者の地位を確立。四国、九州、関東も手中に収め、50代半ばで天下を統一する。

一代で成り上がったみんなの人気者

成り上がりのサクセスストーリー。それは、成功を求める人たちの心をとらえてやまない胸躍らせる物語だ。

境遇はできるだけ悲惨なほうがよろしい。どん底からの復活。もしかしたら自分も、と励まされる人々。その構図はいつの時代も同じである。

足軽《あしがる》の身分から天下人となった豊臣秀吉は、長い日本史のなかでも、異例の大出世を遂げた人物だといえるだろう。ミスター下剋上《げこくじょう》。その成り上がり人生は、時代を超えて、語り継がれている。

また、秀吉といえば、人懐っこくて庶民的なところも人気の理由である。信長のように暴君的なイメージもなければ、家康のように腹黒く狡猾《こうかつ》なイメージもない。

出世してからも、身分の低い者だろうが、誰とでも分け隔てなく接する優しい太閤《たいこう》秀吉。それでいて、勇猛な将軍タイプでもないところがまた身近な存在に感じさせてくれる。秀吉は、無駄な戦を好まず、戦場で人を斬ることを嫌がった。武器は、屈強さではなく、頭脳と寛容さだ。みんなが秀吉のことを好きになるのは、自明の理だ。

秀吉が一代で築いた豊臣家。企業でいうならば、ベンチャー企業そのものである。それも企業買収で急成長したベンチャーにたとえればしっくりとくる。

なぜなら、秀吉は「本能寺の変」以後、急速な勢いで天下統一事業へと邁進《まいしん》した。次々と周辺国を巻き込んでいくそのスピード感は、ベンチャーがダイナミックな買収を仕掛けて、どんどん拡大していく様そのものだからだ。

だが、急速に業務を拡大している会社には、必ずといっていいほど無理がある。急速な拡大は、何かしらのひずみを生むものである。

また、急成長しているベンチャーは、必ずトップである経営者がイメージ戦略を行っているといってよい。なにしろ、創業者イコール、会社の顔である。リーダーによる景気がよい振る舞いが顧客を呼び寄せて、その企業の価値を高めていく。価値が高まれば、組織は大きくなっていく。

リーダーはイメージ戦略が大事。秀吉はそのことをよくわかっていた。

だが、実態はどうだったのだろうか。豊臣家への入社を希望するのならば、そこが気になるところだ。

ベンチャーを立ち上げて、急成長させた男の実像に迫っていこう。

地元のツレに就職先を紹介してもらう

豊臣秀吉は1537（天文6）年、尾張国愛知郡中村郷《おわりのくにあいちぐんなかむらごう》で、弥右衛門《やえもん》の長男として生まれた。17世紀後半に成立した土屋知貞《つちやともさだ》の『太閤素生記《たいこうすじょうき》』によると、弥右衛門は、織田軍の鉄砲足軽だったが、戦場で負傷して百姓をしていた、といわれている。

だが、ポルトガル人によって鉄砲が伝来したのは1543（天文12）年で、その年に、弥右衛門が死亡していることを考えると、計算が合わない。鉄砲足軽ではなく、ただの足軽だったのかもしれない。

その一方で、17世紀初頭に成立した小瀬甫庵《おぜほあん》の『甫庵太閤記《ほあんたいこうき》』や、ルイス・フロイスの『日本史』などでは、秀吉は貧しい百姓の子だったとされている。

なんだかはっきりしないのも、無理はない。「秀吉」という名前が文献に記されるのは、秀吉が28歳になってからのこと。それまでの秀吉の半生は、さまざまな説が入り乱れており、

◎若い頃の秀吉の遍歴（『太閤素生記』）

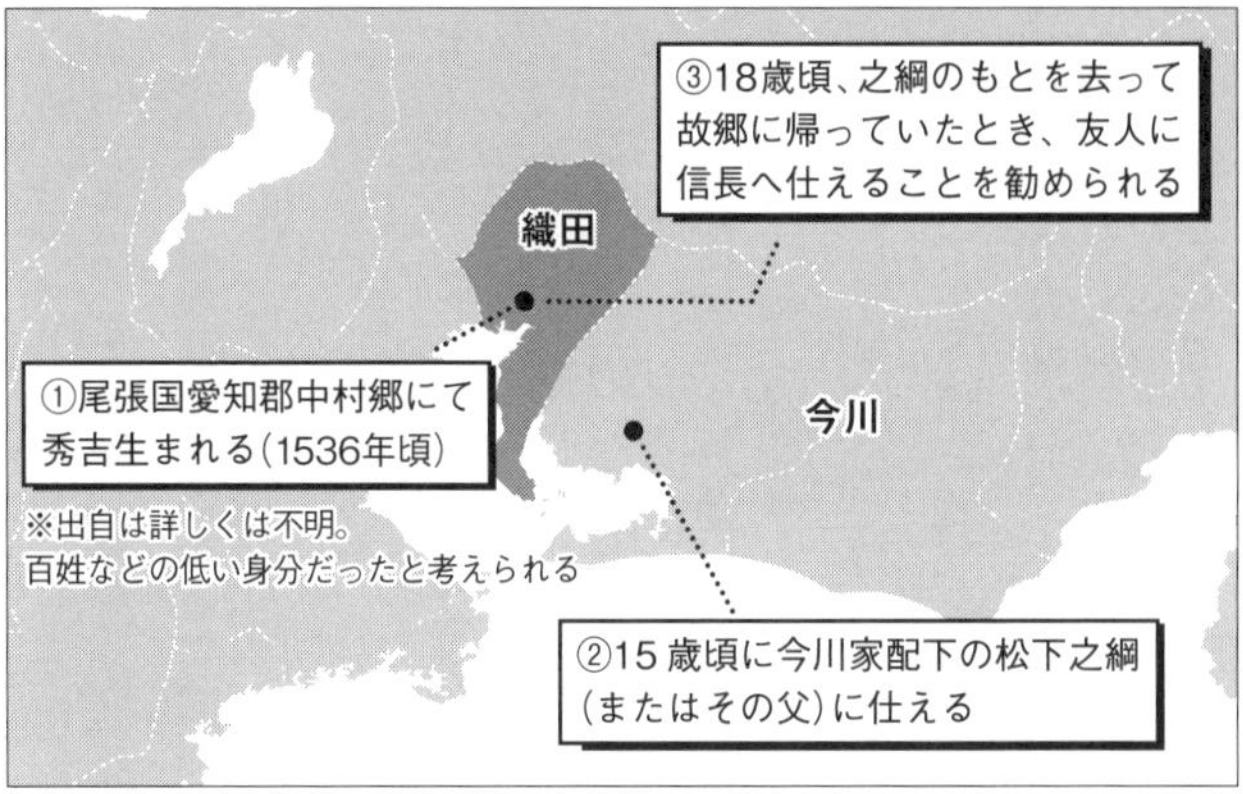
③18歳頃、之綱のもとを去って故郷に帰っていたとき、友人に信長へ仕えることを勧められる
織田
①尾張国愛知郡中村郷にて秀吉生まれる（1536年頃）
※出自は詳しくは不明。百姓などの低い身分だったと考えられる
今川
②15歳頃に今川家配下の松下之綱（またはその父）に仕える

実像が定かではない。

そのため、28歳までは、あくまでも比較的信ぴょう性の高そうな話となるが、秀吉の人生を先に進めよう。

秀吉は光明寺《こうみょうじ》へと修行に出されるも、いたずらがひどくて追い出されたらしい。そこからは放浪生活となり、いくつかの職業を転々とした。どれも長続きしなかったようだ。そんな息子を見かねた母は、15歳頃の秀吉に銭一貫目《いっかんめ》（現在の貨幣価値で約10万円）を渡して「これで身を立てなさい」と家から追い出したといわれている。

秀吉は木綿針《もめんばり》を売りながらなんとか生計を立てて、駿府《すんぷ》の今川義元のもとを目指す。とりあえず力のある戦国大名に自分を売り込もうと考えたのだ。そして、今川義元の家臣である松下之綱《ゆきつな》に仕えたとされている。

だが、やっぱりここでも長続きはせずに、故郷へリターン。投げ出してばかりだが、このときは先輩や同僚からのいじめがあったようだ。戦国時代においても、仕事を続けていくうえでは、人間関係が大切。早々と見切りをつけた決断は、その後の秀吉の人生をみても正解だろう。

故郷でぶらぶらしていた秀吉だったが、無職になって地元に帰ると、大体、「お前、今、何してるの？　ブラブラしてるなら、ウチ来いよ」と声をかけてくるような世話焼きがいるものだ。『太閤素生記』の記述によると、親友のツテで、信長のもとに仕えることになる。

織田家のようなベンチャー系では、そういうかたちでの就職も決まりやすい。知り合いがいれば、秀吉の前の職場のように、いじめに遭いにくいという利点もある。事実、秀吉も信長のもとでは長続きした。持つべきものは、地元の友である。

信長のもとでの下積み時代といえば、秀吉が信長の草履《ぞうり》を懐で温めて、その気遣いから一目置かれるようになった、というエピソードは有名だ。だが、これは作り話。そのこと自体も大分知られている。あまりにでき過ぎた話だからだろう。

また、こんなエピソードもある。

信長が墨俣《すのまた》に城を築くことを家臣たちに命じたが、斎藤方の武士に妨害されて、老臣2人が失敗。それを見た秀吉が「おそれながら」と名乗り出て、墨俣城の築城を引き受けた。

秀吉は、斎藤方の攻撃から防御するチームと、築城するチームで分けるなど、効率的な作業ルールを決めて、それを守らせたところ、たった一夜で城を築いてしまった……この伝説もよく知られているが、歴史的事実ではないという指摘もなされている。

どうにも創作されやすい太閤伝説。信長のもとで秀吉が出世したことについて、語り手も何か理由が必要だったということだろう。

織田家に入社以来、新入社員の秀吉は、それだけ急スピードで駆け上がっていったのである。

汚れ仕事も引き受けて出世

ベンチャー企業のよいところは何といっても、自ら手を挙げれば、大きな仕事を任せてもらえること。そして、結果を出せば、出世できることだ。

秀吉のように、出自のアドバンテージが少なく、豊富な行動力だけが強みである人間にとって、ベンチャー企業は力を発揮しやすい環境だといえるだろう。
1565（永禄8）年には、信長が美濃の坪内利定《つぼうちとしさだ》らに知行充行状《ちぎょうあてがいじょう》（領地を保証する際の文書）を与えた。その添状に「木下藤吉郎秀吉《きのしたとうきちろうひでよし》」の名が記されている。会社でいうところの社内表彰状だ。

美濃国の斎藤龍興《たつおき》が内紛の対応に追われている隙をついて、秀吉は信長に命じられて、斎藤方の武将である坪内に近づき、味方に引き入れている。

続いて秀吉は、美濃国の大沢基康《おおさわもとやす》を懐柔することにも成功。信長の美濃攻略に、秀吉は大きなサポートをして、それが認められた格好である。前述した、墨俣城の築城に秀吉が成功したのは、その翌年のことだ。

社会人なら誰しも、最初の成功体験が少なからず、その後の仕事に影響を与えるものだ。
「なぜ、あの人は、この仕事のやり方に固執するのだろうか」
そう疑問に思うことがあれば、その人が持つ過去の成功体験と結びついていることが多い。秀吉の場合は、それが相手を寝返らせる調略であり、それからも秀吉の得意なジャンルの一つとなる。

欠かせない戦力として、社長に認められた秀吉。竹中重治《たけなかしげはる》、牧村利貞《まきむらとしさだ》、丸毛兼利《まるもかねとし》など、部下もつけてもらい、勢いを加速させていく。

信長は稲葉山城《いなばやまじょう》を奪って、「岐阜」と命名。会社自体がどんどん大きくなっていく。まさにベンチャー企業の一番面白い時期に、会社の勢いと並走するように、秀吉はメキメキと頭角を現していった。

信長の野望は止まることがない。

１５７０（永禄13）年には、大軍を率いて、朝倉義景《あさくらよしかげ》率いる朝倉家に攻め入っている。上洛を促しても一向に来ない義景に、信長が業を煮やしたのだ。

そんなときにしっかりと期待に応えるのが、秀吉だ。敦賀で手筒山城《てづつやまじょう》を落とすと、続いて金ヶ崎城《かねがさきじょう》へ。城主の朝倉景恒《かげつね》を相手に得意の交渉術で、開城を促して成功している。

社長の期待に応えて、大仕事をやってのけた秀吉。順風満帆そのものである。

だが、ビジネスも戦国時代も、何が起こるのかわからないのが、恐ろしいところだ。

近江の浅井長政《あざいながまさ》が、まさかの謀反を起こす。信長は妹、お市を浅井に嫁がせていたため、裏切りが常の戦国時代とはいえ、全く予想できなかったらしい。浅井の裏切りによって、織田軍は退路を断たれてしまい、一転、窮地に陥ることになる。

ベンチャーは成長も早いが、潰れるときもまた早い。

◎金ヶ崎の撤退ルート

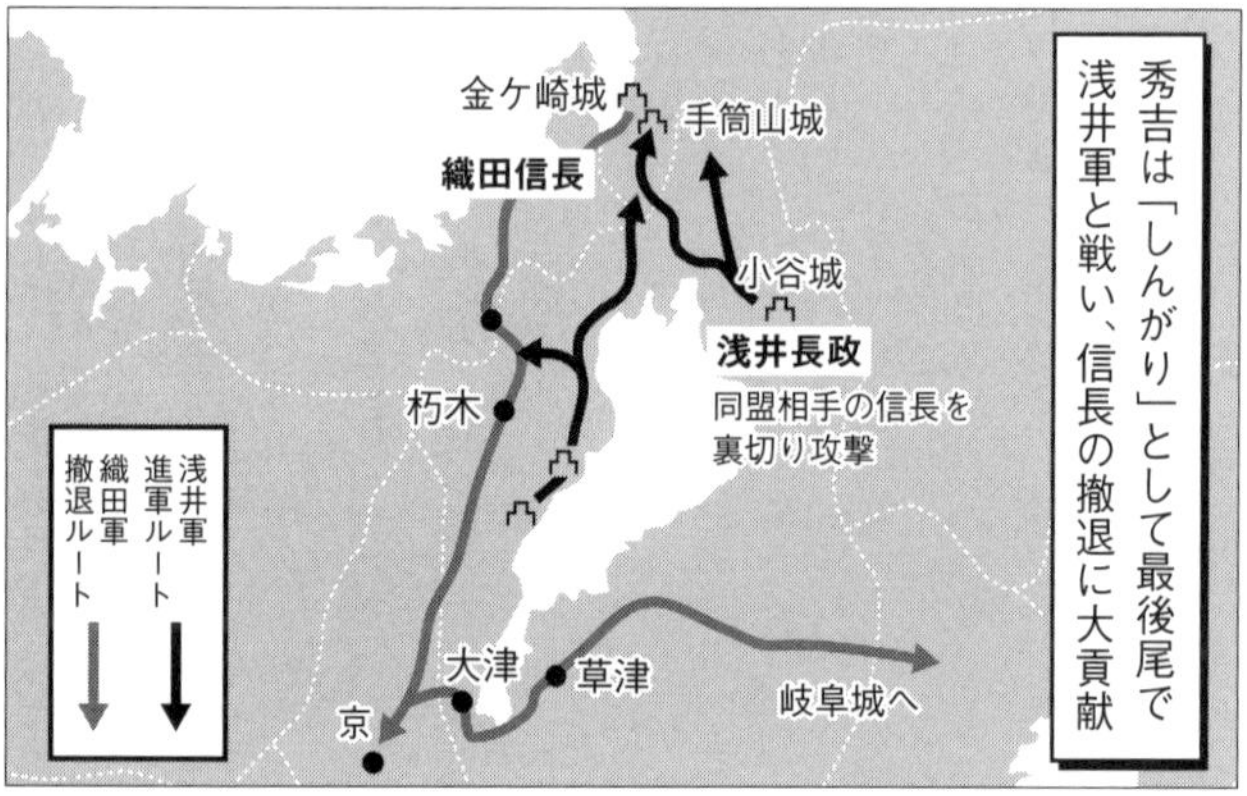

どうにか切り抜けなければと、京都に逃げ帰ることになった信長。信長を無事に退却させるため、最後尾で戦いながら逃げる「しんがり」が必要だ。

一体、誰が「しんがり」を務めるのか――。

最も危険な任務であることは言うまでもない。できることならば、やりたくない仕事だ。

貧乏くじは引きたくない。

みんながそう考えていたことだろう。だからこそ、汚れ仕事には手を挙げる価値が出てくるのだ。引き受けたのは、そう、秀吉である。

秀吉はしんがりで朝倉勢の攻撃を何とかしのぎながら、無事に織田軍を退却させた。これは「藤吉郎の金ヶ崎退き」として、秀吉の功績として語り草になっている。

秀吉が信長の2人の重臣、丹羽長秀《にわながひで》から「羽」を、柴田勝家から「柴」を一字ずつもらい受けて「羽柴秀吉《はしば》」と名乗るのは、この頃である。

ベンチャーが倒産して後継者に

社長命令の難事業をやってのけ、汚れ仕事もいとわなかった秀吉。結果を出すことで、出世を果たしたが、良くも悪くもカリスマ社長の影響が大きいのが、ベンチャー企業の特徴でもある。

社長の身に何かが起これば、状況は一変してしまう。

1582（天正10）年、そのときは突然訪れた。明智光秀による謀反である。まさかの裏切りに、信長は自害。残された嫡男の信忠《のぶただ》も抗戦したものの、自刃に追い込まれている。

社長と後継ぎ息子がいなくなった織田家。後継者は誰になるのか。トップ会談が執り行われた。世にいう「清須《きよす》会議」である。

柴田勝家、丹羽長秀、池田恒興《つねおき》らが参加するなか、会議のイニシアチブをとったのは秀吉だ。なぜなら、秀吉はすぐさま明智光秀を討ち、信長の敵を討っているのだ。これには、秀吉より宿老にあたる柴田や丹羽をもってしても、抵抗しがたい雰囲気があった。

秀吉は、異常なスピードで備中高松城《びっちゅうたかまつじょう》から上洛。山城国《やましろのくに》山崎までの235kmもある距離をわずか10日で駆けつけて、明智光秀を討った……とされている。

だが、この「中国大返し」について、記述のもとになった『惟任退治記《これとうたいじき》』が、秀吉の命により御伽衆《おとぎしゅう》の大村由己《おおむらゆうこ》が書いたもののため、信ぴょう性を疑う声もある。実際は、秀吉は事前に情報をキャッチしており、記載よりも2日ほど早く、備中高松城を出発していたのではないか、そんな憶測もなされている。

日本史上最大のミステリーともいわれる「本能寺の変」の真相を説くことは本書の目的ではないが、その後の秀吉の鮮やかな手腕をみると、用意周到に準備していたと考えたくもなってくる。ちなみに、秀吉は、信長の四男にあたる於次秀勝《おつぎひでかつ》を養子に迎えている。主君亡きあとを、秀吉は十分に意識していたのではないだろうか。

清須会議で秀吉は、信長の次男である信雄《のぶかつ》と、三男である信孝《のぶたか》の争いをたくみに利用する。有力家臣である柴田勝家が推すのは、三男・信孝である。

清須会議におけるアピールが功を奏し、秀吉は信長の後継者としての地位を確固たるものにした

だが、秀吉はその2人のどちらでもない、信忠の子、三法師を後継者にすべきだと主張した。三法師はわずか2歳である。

当然、反対の声が上がったが、秀吉が強引に押し切ったため、後継ぎは三法師に決定。亡き信長の遺領分割も行い、秀吉は28万石の加増と領地を拡大させている。

さらに、秀吉は、信長の葬式も1人で取り仕切った。葬儀は各方面に顔を利かせる絶好の機会でもあると、理解していたからだろう。

信長の後継者は秀吉——。そんな雰囲気を作ることに余念がなかった。

ここから秀吉は「三法師を守る」という名目で、柴田勝家や滝川一益《たきがわかずます》など織田家の有力者を追い落としていく。あくまでも社長の血筋を守るというスタンスで、自分以外の幹部を失脚させていったようなものだ。対抗馬だった柴田勝家は、清須会議の後に兵を挙げて、秀吉に挑んだが、大敗して自刃している。

有力幹部がいなくなったあとは、社長の血筋とどう対峙していくのかが問題となる。信孝は柴田勝家についていたため、すでに自害へと追い込んで始末済みだ。

そうなると、ターゲットはただ1人、織田信雄である。

信雄は、清須会議では後継者になれなかったものの、三法師があまりにも幼いために、清須会議のあとに、秀吉も同意のもと、信長に次ぐ当主に収まっていた。秀吉からすれば、あとは信雄さえ消せば邪魔者はいなくなる。信雄を討つ大義名分がほしいが、なかなか機会が見つからない。

自分から討つ理由がなければ、相手に歯向かわせればよい。精神的に揺さぶりをかけるのは、秀吉の得意とするところだ。

1584（天正12）年、秀吉は信雄に対して「自分の城として築いた大坂城まで挨拶に来るように」と使いを出す。これは、ただの挨拶を意味してはいない。挨拶に来させるというのは、「家来になれ」ということだ。

秀吉のこの挑発に信雄は激怒して兵を挙げようとするが、明らかに力は秀吉のほうが上。

◎信長亡き後の秀吉の出世争い

1576年頃	信長の四男於次丸《おつぎまる》を養子に迎える
1582年6月	信長を討った明智光秀を山崎で破る
1582年6月	織田家の重臣が集まった清須会議において、自身が推す三法師（信長の長男の嫡子）を信長の後継者として認めさせ、家中運営の主導権を握る
1583年4月	柴田勝家を賤ヶ岳で破り、勝家に加担した織田信孝（信長三男）は自害
1584年	徳川家康と結んだ信雄（信長次男）と、尾張で衝突。戦には敗れたが、信雄の説得に成功して信長の後継者としての地位を盤石にした
1586年	朝廷から豊臣の性を賜り、太政大臣に

浅井《あざい》長時《ながとき》・岡田《おかだ》重孝《しげたか》・津川《つがわ》義冬《よしふゆ》らに制止されると、信雄はあろうことか、3人とも粛清してしまう。自分の強力な仲間を自ら殺してしまったのだ。もしかしたら、秀吉はその展開まで読んでいたのかもしれない。

信雄は徳川と組んで、秀吉に立ち向かうも、秀吉相手に勝ち目はなく、和議を余儀なくされている。秀吉の思惑どおりにいったといっていいだろう。

1586（天正14）年、太政大臣《だじょうだいじん》になった秀吉は「豊臣秀吉」と名乗り、織田政権の一角から脱却。ついに自ら社長の座につくのだった。

チェーン展開して全国制覇

豊臣家を立ち上げた秀吉。信長が尽力した天下統一事業の実現に向けて、アクセルを強く踏んでいく。

有力大名が家臣になれば、苗字である「羽柴」を与えた。前田利家《まえだとしいえ》もその1人で、1586（天正14）年に左近衛権少将《さこんのえごんのしょうしょう》に任じると、「羽柴」の苗字と「筑前守《ちくぜんのかみ》」の受領名《ずりょうめい》を与えて、利家に「羽柴筑前守」と名乗らせている。チェーン展開のようなものだ。

そして、毛利氏・長宗我部《ちょうそかべ》氏・島津氏といった多くの大名を武力で討ち倒すことなく、助命。短期間で天下を統一するために、どんどんと吸収していったのである。

ただ1人、厄介だったのが家康だ。自分と実力も拮抗《きっこう》している。その程度のことで満足はしないだろう。

そこで、自分の妹を家康の正室として嫁がせたうえで、母の大政所《おおまんどころ》を人質として家康に送っている。そのうえで、配下としての上洛を家康に促したのである。それに家康が応じたために、全国は平定。天下統一の野望を果たすこととなった。

秀吉は、武力によって統一することには関心がなかったようだ。そこが信長との大きな違いである。

あくまでも最短距離で、効率よく自分に従わせて、偉業を達成させる。効率の向上を徹底した結果、会社でいえば起業してすぐに、全国制覇まで成し遂げてしまったのである。

だが、急成長には必ずほころびが出るもの。

武力で制圧されていないがゆえに、家康は、北条氏と秀吉の間では中立の立場を守り、北条氏の婚姻同盟関係は継続。位置的に徳川家の領土を通過するため、秀吉は勝手に北条家を攻めることはできなかった。

そもそも、徳川は石高250万石を有しており、秀吉自身の蔵入地《くらいりち》（直轄地）222万石より多い石高を持っていた。秀吉は天下統一を成し遂げたあとも、家康の存在を恐れなければならなかったのだ。

怖いのは家康だけではない。自国の民すらも秀吉は警戒した。

なにしろ、自分自身が下剋上で、低い身分から這い上がってきたのだ。その怖さは身をもって知っている。

だからこそ、秀吉は1588（天正16）年に刀狩りを行った。それは次の三か条である。

「百姓が刀、脇差、弓、槍、鉄砲などの武器を持つことを禁じる。年貢を怠り、一揆を起こすものは罰する」

「回収した刀は方広寺《ほうこうじ》の大仏建立のための釘やかすがいにする。協力した百姓はあの世まで救われる」

「農具だけ持って耕作に励めば、子々孫々まで無事に暮らせる」

要は「農民は農具で畑だけ耕しとけ」ということである。

これもすべては、自分のような人間を今後出さないため。刀狩りによって農民に武器を持てなくさせたばかりか、武士とは身分が異なることを明確に示したのである。

近親憎悪という言葉があるが、低い身分から成り上がっても、弱い立場の人々に理解があるとは限らない。むしろ逆に作用してしまうことがある。自由に出世できる環境だと思ったら大間違いだということだ。

豊臣家というベンチャー企業の勢いと、社長である秀吉の気さくな振る舞いに感動して入社してしまったら、制限だらけの窮屈な社風で驚いてしまうかもしれない。

入社後のギャップにご用心

「人を斬ること、秀吉嫌ひにて候《そうろう》」

なるべく人は斬りたくない。秀吉は書状によくそう書いている。いわゆる非戦主義。無駄な戦いはしたくないということだ。会社でいえば、社訓のようなものだ。

だが、社訓をまともに受け取る社員がいないように、これをもって秀吉が温和な人物だとするのは、大間違いだろう。

確かに秀吉は、戦場で正面衝突して、自軍の兵の命が失われることをなるべく避けた。だからこそ、兵糧《ひょうろう》攻めを得意としていた。有名なのは、「三木の干殺《ひごろ》し」と「鳥取の渇殺《かつえごろ》し」である。

「三木の干殺し」は1580（天正8）年、信長に逆らった別所長治《べっしょながはる》の三木城《みきじょう》を秀吉が包囲。敵の兵糧はわずかだったため、8000もの兵が飢えに苦しんだ。それだけではない。たくさんのかがり火を焚いて、夜も眠らせずに体力を奪った。

この兵糧攻めはなんと1年半も続けられたという。城に閉じ込められた兵たちが、雑草やぬかを食べていた頃はまだましで、牛や馬などの家畜を食べ、それも尽きれば死人の肉を食べたというから地獄絵図である。

1581(天正9)年には、鳥取城を包囲。やはり信長に反旗を翻した、毛利家の吉川経家《きっかわつねいえ》ら3000もの兵を兵糧攻めで追い詰めている。

この「鳥取の渇殺《かつえごろ》し」では、秀吉は鳥取周辺の兵糧を2倍の時価で買い占めてしまうという徹底ぶりで、4カ月あまり完全封鎖している。城の兵たちは、木の皮や実を食べたが、やがてそれも尽き、戦死者の死肉に皆が群がったという。

「人を斬るのを嫌い」というが、これならば斬ってあげたほうがまだ優しいような気がしてならない。

そして、秀吉の残忍ぶりが顕著に表れたのが、天下統一後の朝鮮への侵略戦争である。もはや国内では敵なしの秀吉が海の向こうに目をつけたのは自然なことだが、そのやり方はあまりにもひどかった。

朝鮮に2度も侵略戦争を行い、民衆を殺戮しながら進軍。それも、国内の戦いのように、首を斬って持って帰れば、論功行賞の証拠となるが、いかんせん日本まで持ち帰るのが大変だ。そこで、豊臣軍は殺した相手の耳や鼻を切ることに夢中になった。もっとも戦国時代においては、国内の戦においても、論功の証として、耳や鼻をそぐのは珍しいことではなかっ

◎秀吉による兵糧攻め

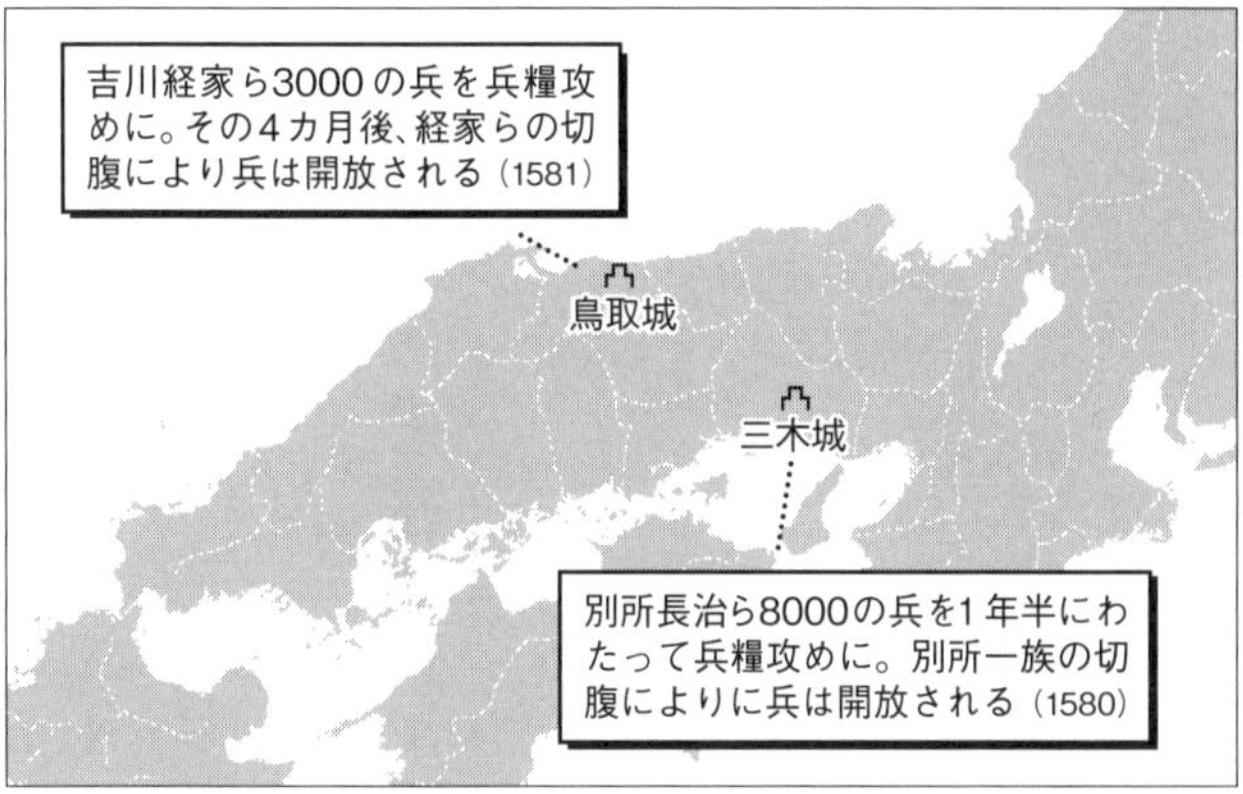

吉川経家ら3000の兵を兵糧攻めに。その4カ月後、経家らの切腹により兵は開放される（1581）
鳥取城
三木城
別所長治ら8000の兵を1年半にわたって兵糧攻めに。別所一族の切腹によりに兵は開放される（1580）

た。斬られるほうも首よりもマシといえばマシである。

だが、秀吉の場合は、それとも少し異なる。

「集めた鼻が、枡一升分になった者から住民の生け捕りを認める」

住民を生け捕りしたければ、ノルマを達成しなければならない。そんな異例の表明をし、この耳鼻そぎを、論功の証としてではなく、完全に目的化してしまったのである。

秀吉にあおられて、朝鮮の戦場では、耳鼻そぎが横行。切り取った耳や鼻は、塩や酢に漬けられて、秀吉のもとへと送られたという。それも兵相手だけではなく、子どもや赤ん坊も犠牲になった。あまりにも残忍である。

人を斬りたくない――。

これは単に自分が現場で人を斬るのは、非効率的だという極めてビジネス的な感覚で言っていたことのようだ。

残忍な行為もいとわなかったという点では、秀吉は主君の信長以上だった。

女だらけの花見パーティに金銀のばらまき

朝鮮への二度にわたる侵略戦争も苦戦を強いられるなか、秀吉はといえば、醍醐寺三宝院《だいごじさんぼういん》で盛大な花見に興じていた。1598（慶長3）年のことで、その豪華さから「醍醐の花見」と呼ばれ、語り草になっている。

この日のために植えさせた桜は700本。さらに、1300人もの女性を招待し、男性で参加したのは5歳になろうとする秀頼《ひでより》と、前田利家《としいえ》のみだった。女性たちは3度にもわたって、衣装替えをして、着物の衣装代だけでも、現在の貨幣価値で40億円近くかかっている。伏見城から醍醐寺までの行列は約4キロにも及んだというから、成金経営者の豪華パーティそのものだ。

その5年前には、公家や大名に金や銀をばらまくという、ど派手パフォーマンス「天正の金くばり」も行っている。この頃にSNSがあれば、100万円を配るお年玉キャンペーンでもやっていたかもしれない。

猛スピードで駆け上がった豊臣家。秀吉は花見で満足したのか、その数カ月後に亡くなっている。

創業者の秀吉が病死すると、2代目の秀頼が後を継いだ。莫大な遺産を引き継いだ秀頼だったが、関ヶ原の戦いで家康に敗れると、蔵入地のほとんどを失ってしまう。

それでもまだ資金が潤沢だったので、秀頼は方広寺で大仏の造営に着手。しかし、方広寺の梵鐘《ぼんしょう》に刻まれた「国家安康《こっかあんこう》」の文字が家康を呪ったものだといちゃもんをつけられて、大坂冬の陣が開戦。豊臣家は家康によって滅亡させられ、大坂城にあった金や銀は没収されている。つまりは、倒産だ。

よいときも悪いときもあるのが、ベンチャー企業の醍醐味。

とはいえ、そのジェットコースターの激しさは織田家以上である。よほど側近まで駆け上がる自信がなければ、入社は見合わせたほうが身のためかもしれない。

徳川家
人材を生かして組織力を強化したホワイト企業

キーパーソン

▼徳川家康（1543～1616）

三河国生まれ。岡崎城主の松平広忠の子。幼少期に織田・今川家の人質となるが、桶狭間の戦いで今川義元が没すると独立。織田信長と同盟を結んで三河で勢力を拡大する。信長没後、織田信雄を助けて尾張の地で羽柴秀吉と戦い勝利するも、信雄が秀吉と和議を結んだことで、家康も秀吉と和睦。豊臣の軍門に降る。秀吉死後に豊臣家を滅ぼして徳川の世を実現した。

不自由を常として機を待つ

戦国時代に終止符を打ち、約260年にもわたって、天下泰平の世をもたらした徳川家。初代の家康は、他の名だたる戦国大名たちが成し遂げられなかった偉業を完遂させたことになる。その点においてだけでも、リーダーとしての資質は高い。

だが、家康は、織田信長のような既成概念を打ち壊した革命児でもなければ、豊臣秀吉のようなギラギラした迫力も持ち合わせてはいない。「狸《たぬき》オヤジ」と評されるように、手の内を相手に読ませない、不気味な印象が家康には強い。少なくとも、下につく者たちをぐいぐい引っ張っていくような、いわゆる企業における名経営者のイメージとは異なる。

それにもかかわらず、自分の思いどおりにしてしまうのが、家康である。

「織田がつき　羽柴がこねし天下餅　すわりしままに食うは徳川」

そんな狂歌もあるように、信長が始めた天下統一という大事業を、秀吉が引き継いだが、結局は、じっくりと機会を待っていた家康がおいしいところを全部いただいた格好となった。

だが、「待つ」ということは案外に難しい。戦国時代のように、動きが激しいときは、つい先に動いてしまうもの。好機の見極めが甘くなってしまう、といってもいいだろう。それは、変化のスピードがかつてないほど速い、現代のビジネスにおいてもいえることだ。

「待つ」こともまた立派な行動の一つ。そのための忍耐強さでいえば、家康は「鳴くまで待とうホトトギス」と後世にネタにされるくらいだから、「殺してしまえホトトギス」の信長や、「鳴かせてみようホトトギス」の秀吉に勝る。

次の一節は、家康の遺訓として有名なものだ。

「人の一生は重荷を負うて遠き道を行くがごとし。急ぐべからず。不自由を常と思えば不足なし」

会社でいえば、社訓にあたるもの。だが、天下統一を果たした社長の言葉としては、やや暗い。辛気臭くさえある。実のところ、これは家康による遺訓ではなく、幕臣の池田松之介によって幕末期に創作されたものだということが明らかになっている。

だが、家康の人生を思えば、この遺訓は本人のものだといわれても何ら違和感はない。それほど、家康が機を熟するまで待てたのは、不遇な幼少期と密接に関係している。

運命に翻弄された家康は、とにかくいろいろなことを心配するタイプだった。心配だからこそ、できることはやる。経営者でいえば、問題が起きる前に何かと手を打ち、それでも問題が起きれば、きちんとその都度、対処するのが常だった。

そんな家康だから、もちろん、社員、いや、家臣たちのことも心配する。組織を作るのは人である。どんなふうにすれば、家臣たちが気持ちよく働き、かつ、結果を出してくれるだろうか。

家康が組織づくりにも長けて、人材を実にうまく活用したのは、そんな心配から来ているといってもいい。なかでも、酒井忠次《さかいただつぐ》・本多忠勝《ほんだただかつ》・榊原康政《さかきばらやすまさ》・井伊直政《いいなおまさ》らは「徳川四天王」と呼ばれ、家康が厚い信頼を寄せて重用したことで知られている。

事業の規模が大きくなれば、自分一人で何でもやろうとする組織は限界がある。家康はきちんと幹部に任せる仕組みづくりを行っていた。そういう点でも、家康は「天下統一」という大事業を成し遂げるだけのマネジメントを、早くからしていたといえるだろう。

具体的に、どういうマネジメントで、家康は天下取りを成し遂げたのか。また、家臣たち、つまり、会社でいうところの従業員たちにとって、家康はどんなリーダーだったのだろうか。

他人次第の人生を自分らしく

◎家康出生地

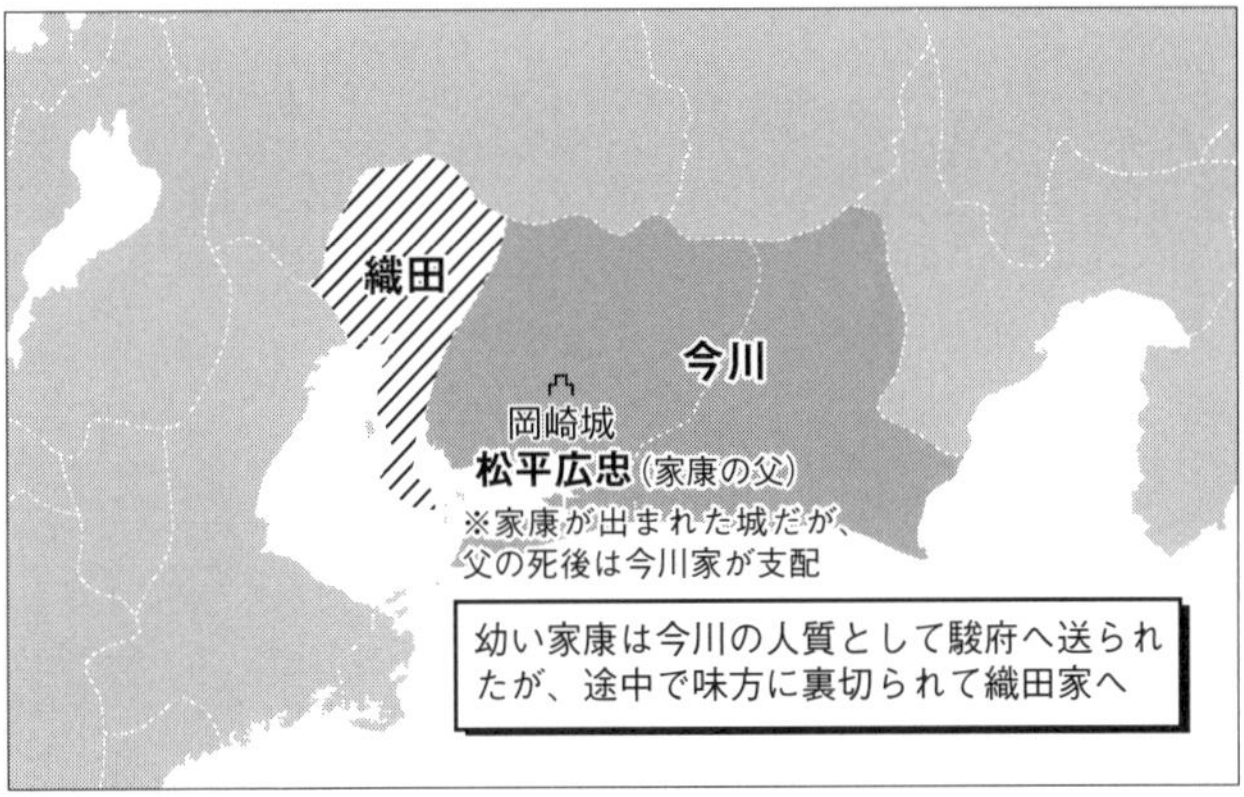
織田
今川
岡崎城
松平広忠（家康の父）
※家康が出まれた城だが、
父の死後は今川家が支配
幼い家康は今川の人質として駿府へ送られ
たが、途中で味方に裏切られて織田家へ

1543（天文11）年、家康は松平《まつだいら》家の9代目当主として、岡崎城《おかざきじょう》に生まれた。

幼名は「竹千代《たけちよ》」といい、のちに「元康《もとやす》」の名となるが、混乱を避けるために、本稿では「家康」で統一したい。

松平家は戦国大名ではなく、隣国の今川家と織田家にただただ翻弄されるばかりだった。家康は、何とも「ざんねん」な生まれだったと言っていいだろう。

父の広忠《ひろただ》は17歳、母の於大《おだい》の方《かた》は15歳のときに、家康は誕生している。

当時は、強大な今川家の庇護にあったため、今川家と対立する織田家との確執のなか、夫婦のきずなも切り裂かれてしまう。広忠は於大の方と離別。1歳の家康は祖父に育てられた。

だが、家康の受難はこんなものではない。

家康は、たった4歳で人質として駿府に送られてしまう。父の広忠が、織田家に対抗するために今川家に支援を求めたところ、その見返りとして、人質を要求されたためだ。そこで人質として今川家に向かうことになった28人のうちの1人が、家康だった。

「不自由を常と思え」

このフレーズのごとく、人生の冒頭からだいぶ理不尽な目に遭っている。しかも、駿河に向かう途中で裏切り者が出たために、今川家ではなく、織田家の人質になってしまう。金額については諸説あるが、裏切り者は家康のことを千貫文（現在の貨幣価値で約1億5000万円）で織田信秀《のぶひで》に売ったとさえいわれている。

戦国時代の「人質」は、現在の言葉が持つイメージとは異なり、粗末に扱われることはなかった。むしろ、厚遇されていたといってよいが、それでも、故郷から離され、親にも会えないつらさは、筆舌に尽くしがたいものがあっただろう。

織田家と今川家がドンパチやっているうちに、結局、家康は今川家へと送られる。

当初の予定どおりとなったが、人質には変わりがない。12歳のときに元服し、今川家のもとで武将になった。新人研修で親会社に送られて、そのまま定着してしまったようなかたち

◎家康幼年期年表

1543年(0歳)	岡崎城で土豪の松平広忠の子として誕生
1547年(4歳)	今川家・織田家の人質となる
1555年(12歳)	今川家のもとで元服、元信(のち元康)と名乗る
1560年(17歳)	今川義元が織田信長に敗れると今川家から独立
1561年(18歳)	今川家から離れ、織田家と同盟を結ぶ
1561年(18歳)	将軍に馬を送って幕府に接近、今川の城に侵攻

※天文11年12月末生まれで、西暦に換算すると1543年1月の生まれ

だろうか。

家康が元の会社、つまり、松平家に戻れたのは、1560(永禄3)年、17歳のとき。理由は親会社の今川家が大きく傾く事件が起きたからだ。織田信長との桶狭間の戦いにおける敗北である。

大番狂わせで、信長に敗北した今川は、当主の義元も戦場で命を落とし、混乱のなか代替わりをしなければならなかった。衰退する一方の今川家からは人が離れていく。家康もそんな混乱のなかで、自由の身となった。

家康にとっては実に10年半ぶりに居城、岡崎城へと帰還することになる。

生まれてすぐに人質に出されたのも運命ならば、こうして解放されたのもまた運命。いずれ

も自分の手で行ったことではない。

人生には、悪いことも良いことも、自分の努力や意思とは無関係に起こる。そのことを家康は嫌というほど味わって育ったのだ。

上からの指示はすぐにやる

人生でコントロールできないことは諦めながら、かつ、人生に絶望することなく、今できることをやる。

家康は、密かにそう決意したのかもしれない。

その後、家康は今川家とは断交。織田家と手を結び、家康は東三河へと侵攻を開始した。それまでの「元康」という名から「家康」に改名したのもこの頃である。

その後、信長とは長く同盟関係を結ぶことになる。心配性の家康が安心してついていけると考えたのが、最も勢いのある信長だった。ビジネスでいえば、提携する会社を慎重に見極めて、実行に移したといったところだろう。

また、家康はこのときに、室町幕府第13代征夷大将軍である足利義輝《あしかがよしてる》に、馬を贈っている。

実のところ、将軍は、信長、家康、氏真の3人に、飛脚に用いる早馬《はやうま》を要請していた。それにいち早く反応をしたのが、家康だった。

将軍は御内書《ごないしょ》（将軍が発給した文書）にこう残している。

「信長にも所望しているがいまだに贈ってこないのに、元康のすばやい対応はまことに神妙であるといっている」

信長は即断即決、迅速な行動で知られているが、気遣いの点においては、家康が上回っていた。家康からすれば、将軍の要望にはすぐに応えないと不安だったからにすぎないのかもしれないが。

打てる手は打っておく——。

とにかく明日を生きるために必死。そんな家康が全国統一を成し遂げるなど、まだ想像もできない。なにしろ派手さに欠ける男だ。野心もなかなか見せることがない。

だが、経営者としても重要な資質である「人事を尽くして天命を待つ」というスタンスが、このときすでに家康には身についていたのである。

敵対勢力を自軍に引き込んだ

今川家の支配から脱し、岡崎城に戻って、自立した家康。三河一国の統一も見えてきた。ここからが我が人生。まさに、起業の精神にあったといってよいだろう。

だが、そんなときに限って、困難に襲われるのが、家康という男だ。それは、ライバル国によるものではなく、足元で起きた。三河一向一揆《みかわいっこういっき》である。

三河一向一揆は、本願寺派の門徒たちを中心に起こされたもの。一部の門徒武士が家康から離反し、家康家臣団が分裂してしまった。ようやく自由になって、スタートアップしたと思ったら、いきなりの社内分裂だ。またも家康は、人生の重荷を背負うことになる。

だが、幸い、一向一揆側にまとまりが欠けていたため、家康はこれを無事に鎮圧。事なきを得た。それでも打てる手は打っておきたいのが、心配性の家康だ。今回のような内部分裂が起きないように、組織を整備していく。

家康は、家臣のうち、東三河は酒井忠次、西三河は石川家成《いしかわいえなり》を旗頭とした。それぞれの下には、松平一族と国衆を配置した。さらに、この2組に加えて、家康の身辺を守る旗本組を

◎初期の徳川家組織図

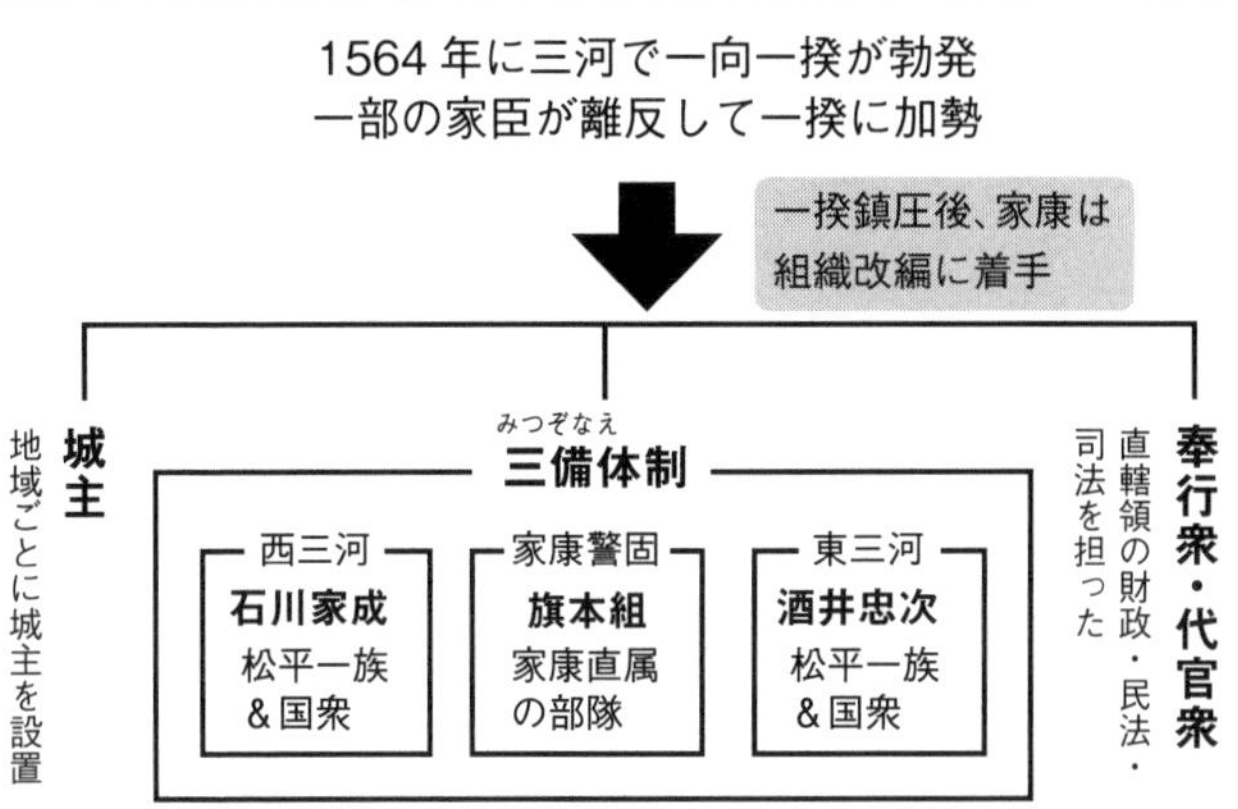

結成。この3組を持って「三備体制《みつぞなえたいせい》」を築いた。そして、「三備体制」の他にラインが2本引かれる。1本は城主ラインで、地域ごとに城主を置いた。

もう1本は「奉行衆・代官衆」ラインで、徳川直轄領の財政・民法・司法を担う。

役割を明確にして、部署割りをし、指示系統を整理する。組織運営において当然のことのようにも思えるが、これができていない組織が特に中小企業では珍しくはない。現場を知らない経営者のえり好みで、とんでもない人事や組織改編が行われることもある。このときの徳川家はまだスタートアップの段階だったが、規模の大小を理由にせず、きっちりと組織だった動きを目指していたことがよくわかる。

それができたのは、家康がそれだけ人に任せられるタイプのリーダーだったからではないだろうか。現場を十分に理解していないのに何でも自分で抱え込もうとしたり、部下を信用できず権限を与えることを躊躇したりしていたら、このような組織運営は難しくなる。しっかりと組織の骨格さえ作ってしまえば、あとはこれをベースに補強していけばよい。

家康は、三河を統一したのち、1568（永禄11）年には、この軍事組織をもって、遠江に侵攻を開始。今川家や武田家などの敵対勢力を次々に駆逐していくなかで、今川家や武田家の旧臣たちを、自分たちの家臣団に組み込んでいく。武田家が滅亡した後、徳川家に取り込まれた旧武田家臣の数は、実に830人前後にも及んだという。

将棋の盤上ならば、自分がとった駒は自軍の戦力として、活用するのが当たり前だ。だが、実際の戦となると、そう簡単なことではない。敵の勢力を積極的に自軍へと引き入れた家康は、度量が大きいリーダーだといえるだろう。

会社でいえば、そういう姿勢を打ち出す経営者のもとには、中途採用を希望する者がたくさん訪れることになる。組織運営がきっちりされている徳川家は、他から見ても魅力的な職場だったようだ。

家康は同盟相手の信長への気遣いを徹底し、食事をもてなすなどして信頼を勝ち取ろうとした

信長の凱旋帰国をプロデュース

一国の主である戦国大名は、企業の経営者とよく似ている。そんな発想から企画された本書だが、家康の場合は、側近としてでも、上手に働いた可能性が高い。

問題が起こる前に手を打ち、結果が出れば、必ずそれをフィードバックして次に生かす。そんな部下がいたならば、リーダーとしても信頼が厚くなるのは当然のことだろう。

長年の宿敵・武田家を滅亡させた信長は、武田攻めで活躍した家康を高く評価した。家康は信長から、駿河一国を与えられている。

このときもまた、家康らしい気遣いが発揮された。武田家に勝利した信長が、安土へと凱《がい》旋《せん》帰国をする際に、家康の領国を通ることになった。家康は信長の安全を図っただけではなく、各地にお茶屋などを建てて、贅沢な食事で接待をした。接待のために、家康は天竜川に多くの船を用意して、船橋まで架けている。

これには、信長も「お心配り、ひとかたならぬ御苦労、尽期《じんご》なき次第なり」と感謝を示している。念には念を入れた、この対応こそ、家康の真骨頂。もっとも家康からすれば「万が一、信長殿の気分を害してしまっては」という心配から来た行動にすぎなかったかもしれない。ちなみに、1590（天正18）年に、秀吉が北条氏討伐のために、京から小田原へ向かう際も、その道中である三河・遠江・駿河にて、秀吉と同様の接待を行っている。家康にとっては、ここぞというときの定番のもてなしだったのだろう。

三河・遠江・駿河の三国を領有した家康だったが、「本能寺の変」によって信長が殺されると、今度は甲斐、信濃の領有をめぐって、北条家と抗争を繰り広げる。真田が北条から離反して、徳川側につくなど、追い風をうけるなかで、徳川家は北条家と和議を結ぶ。

そうして家康は三河・遠江・駿河の三国に加えて、甲斐、南信濃と5カ国を領有することになった。着実に領土を増やすリーダーの背中を見て、下で働く者たちは、さぞ頼もしく思ったことだろう。

ステップアップは慎重に

「本能寺の変」の後、台頭したのは、いち早く明智光秀を討った豊臣秀吉である。

家康は「小牧《こまき》・長久手《ながくて》の戦い」では、秀吉と直接対決をして、激戦を制している。約6万の秀吉軍に対して、家康軍は1万6000人。まさに快挙ともいえる勝利だったが、その後、膠着《こうちゃく》状態を経て、結局は、兵力に勝る秀吉に同盟国を切り崩されて、家康は秀吉に臣従することになる。

家康が秀吉に臣従するシーンは、ドラマなどでも必ずといっていいほど描かれる。政治力に長けた秀吉の前に、屈服する家康。

家康の胸中は穏やかではないが、「しかたなく従う」といったふうに演出が行われることが多い。視聴者はこれから起こる、狸オヤジの逆襲に思いを馳せる。

だが、実際は、家康はごく冷静に自国のメリットを計算して秀吉に従ったにすぎない。北条氏と和睦した家康はその後、着実に東国の支配を進めてきた。そんな家康に、秀吉は奥羽・関東の「惣無事令《そうぶじれい》」を命じたため、東国への家康の影響力はむしろ強まった。

家康は与えられた任務を着実にこなすのは、大得意である。もちろん、天下統一の腹がなかったわけではないだろうが、その前のステップとして、豊臣大名として豊臣政権を支えるのは、安心して自分の領国をマネジメントするうえでも、むしろ願ったりかなったりともいえるだろう。

秀吉に臣従すると、家康は、三河・遠江・駿河・甲斐・南信濃において「五カ国総検地」に着手する。全領国における検地という大事業である。

秀吉による太閤検地がよく知られているために、これも家康が豊臣に命じられたと誤解されがちだが、実際にはそのような命令はなかったことがわかっている。

家康は、直属の奉行人によって、郷村《ごうそん》単位で厳密な検地を実施した。その細かい手法については、本多隆成著の『定本 徳川家康』を参照していただきたいが、秀吉の太閤検地とは異なる独自性の高い検地で、家康は領国内の所得を正確に把握していた。

心配性の家康のことだから、厳密にやらなければ、気が済まなかったのだろう。そんなリーダーのもとでは、下で働く者も手が抜きにくい。

家康のもとで働くのは、楽ではないが、刺激的だったに違いない。

世代交代と健康管理も抜かりなく

家康は、秀吉が亡くなると、その2年後の1600（慶長5）年に、「関ヶ原の戦い」で、石田三成が率いる西軍を撃破。天下分け目の戦いと称される割には、わずか1日で決着がついたともいわれている。当然、そこにはミスター心配性、家康の用意周到な下準備があったことは言うまでもないだろう。

家康は、西軍側の武将たちに、寝返るように再三にわたって交渉していた。武将相手に書いた手紙は、実に150通にも及んだ。競合他社とのプレゼン会議が開かれる前に、関係者にアプローチを繰り返して、当日には、すでに勝負はついているようなものだ。

そんな家康は、江戸幕府を開いたあとも、抜かりなく準備している。後継者への橋渡しである。かなり多くの企業、いや、戦国大名が後継ぎ問題で苦労してきたかは、本書で繰り返し紹介してきたところである。一体、どれだけの戦国大名が、予期せぬ死や、後継者の育成不足によって、その後への継承がうまくできなかったことだろうか。

もちろん、リーダーであれば、誰もがぼんやりとは常に考えることではあるが、具体的に行動を起こすとなると、腰が重くなるのが、後継者問題の難しいところだ。そこには、もちろん、自分がまだ現役で活躍したいという思いが交錯する。

もしものときのために、考えなければならないとわかってはいるが、つい、後回しにしてしまう。企業の社長にもよくある話である。

だが家康は、繰り返しになるが、とにかく心配性である。その点でも抜かりなかった。自分がまだ健在のうちに、家康は、息子の秀忠に将軍職を譲っている。そして、自身は駿府を居城とし、秀忠との二元政治を展開したのである。

息子に関東・奥羽の諸国を分担しながら、自分は東海・北陸から西の諸国を統治。自身の影響力をしっかりと残しつつ、息子にも指示を出し、リーダー職に徐々に慣らしていったというわけだ。

さらに、家康は、最も信頼する本多正信《ほんだまさのぶ》を、自分の手元ではなく、息子の秀忠のほうにつけている。「しっかりと後継者を育成してほしい」という期待と、「勝手なことをし過ぎないように」という監視と、二つの意味があったに違いない。

しかし、そんな秀忠への慎重な引き継ぎも、自身が突然、死んでしまっては元も子もない。だからこそ、家康は健康管理もきっちりと行っていた。

夏でも温かいうどんを食べて胃腸を守ったし、届いた果物ですら、季節外れだと判断すると、自分は食べずに家臣に分け与えるという慎重ぶりを見せた。健康のために自ら薬の調合まで行っていたというから、徹底している。

また家康は、鷹狩りに熱心で、早朝から山の中を駆けずり回ることも多かった。あまりの熱中ぶりに家臣からたしなめられると、こう答えたという。

「鷹狩りによって手足は強くなり、動きも敏捷《びんしょう》になるのだ」

どうやら経営者がスポーツジムに通う感覚で、鷹狩りを行っていたらしい。

世代交代と健康管理も抜かりなく行った家康は、満73歳で死去。その後、江戸幕府が綿々と続いていく基盤をしっかりと作ってから、旅立っていった。

徳川家を現代の会社にたとえるならば、人材を生かしたホワイト企業そのもの。社内には優秀な人材が多く、出世は簡単ではなさそうだが、その分、やりがいもある職場だといえるだろう。

武田家
アピール上手だけど内情は危ない老舗企業

キーパーソン

▼武田信玄（1521 ～ 1573）

甲斐国生まれ。家臣の支持を得て父信虎を追放し、武田家当主の座に。勢力を拡大すべく、信濃や上野、駿河へ侵攻する。川中島を舞台にした上杉謙信との戦いが有名。北条氏康、今川義元と対立・和睦を繰り返しながら領地を広げた一方、インフラや法を整備するなどして領国経営の安定化を図った。信玄没後は家臣の離反が相次ぎ、武田家の勢力が後退する。

伝統ある名家に生まれた「甲斐の虎」

山梨県と長野県の県境を源流とする富士川。「日本三大急流」の一つに数えられるほど、その流れは速い。富士川の水害から甲府盆地を守ろうと、現在の山梨県甲斐市竜王《かいしりゅうおう》に堤防が築かれた。人呼んで「信玄堤《しんげんつづみ》」。武田信玄が発案したものである。

また、諸説あるものの、信玄は甲信《こうしん》国境と信濃国《しなののくに》を通る「棒道《ぼうみち》」と呼ばれる、軍用道路を開発したともいわれている。現代のビジネスにおいても、新事業を始めるにあたっては、インフラの整備がまずは重要となる。信玄はそのことをよく理解していたのだろう。

信玄は、治水事業の他、金山開発も手がけるなど、内政改革に長《た》けていた。その一方で、外政面では「風林火山《ふうりんかざん》」の旗印を掲げた最強の騎馬軍団を率いて、連戦連勝を重ねた。「甲斐の虎」と恐れられるほど戦上手なのだから、頼もしいリーダーとして申し分ないだろう。

信玄はマネジメント力にも優れており、人材をうまく活用した。

「人は城、人は石垣、人は堀、情けは味方、仇は敵なり」

◎信玄時代の武田家の版図（1560年頃）

人材の重要性を述べた有名な信玄の言葉は、そのままビジネスの世界に応用できる。少子化により人手不足が深刻な昨今では、信玄のような人材育成に長けたリーダーがより求められているといえよう。

だが、武田家を企業にたとえたとき、信玄に「頼れるリーダー像」を求めると、やや期待外れになってしまうかもしれない。何も信玄が頼りないといっているわけではない。

「あれ？　意外と経営者より、社員が強い会社なんだな」

おそらくそう気づくだろう。

そして、信玄が「人材の強みを引き出した」というよりも「かなり人材に気を遣ってマネジメントしている」ことにも驚くはずだ。内政改革も「みんなのために、よりよい環境を作ろう」と、信玄が考え抜いたがゆえのことである。

もちろん、人材に気を遣ってマネジメントをするのも、環境改善のために内政改革に取り組むのも、下で働く者にとっては願ってもないことである。

しかし、武田家に入社したならば、同時に、こんな思いも抱くことだろう。

「あれ？　思ったより、この会社、盤石じゃないんじゃないか？」

武田家の歴史は古く、鎌倉時代から戦国末期まで大名だったのは、武田家の他、島津家・大友家の3家のみである。そのなかでも、武田家は源氏の名門の出であり、いわゆる名家にあたる。

そんな伝統があり、戦にも強く、人材を大切にし、内政改革に長けた武田家は、会社にたとえるなら、文句のつけようのない「人材を大切にしている業績好調な老舗企業」というイメージを持たれがちだ。

だが、それもまた信玄の気遣いと巧みな宣伝があったからこそ。実際は、「アピール上手だけど内情は危ない老舗企業」だった。

信玄の意外な一面とともに見ていこう。

◎武田家家系図

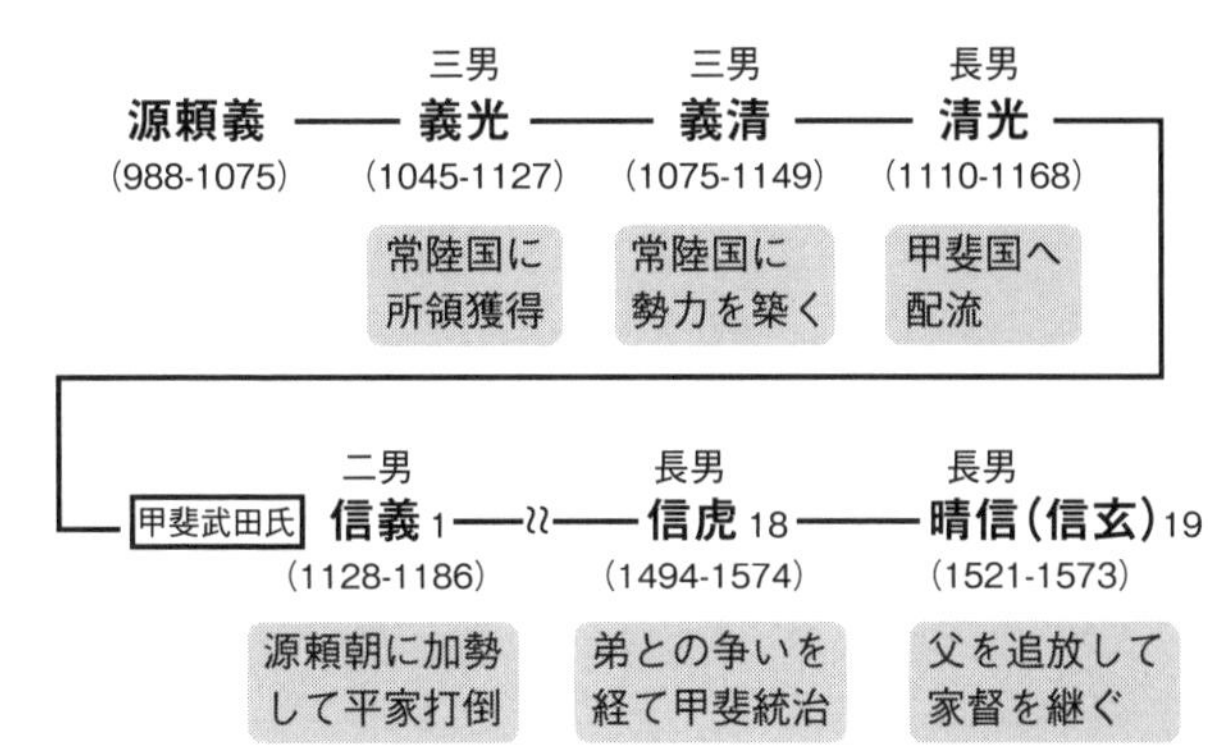

※名前横の数字は家督順

信虎はなぜ「暴君」となったのか？

武田家のルーツを遡ると、源《みなもとの》頼義《よりよし》にたどり着く。その一族からは、源頼朝や足利尊氏が輩出されている。名家中の名家である。源頼義《よりよし》の子孫の1人、武田信義《のぶよし》が初代の甲斐武田氏となり、その子孫が武田家として甲斐の地に根づく。

武田信義から18代目にあたるのが、信玄の父、武田信虎《のぶとら》である。

この信虎がとにかく暴君で、暴虐の限りを尽くしたらしい。

日蓮宗の僧侶が記録した『勝山記《かつやまき》』は、山梨県の中世を研究するうえで一級の史料とされており、信虎についてこう書かれている。

「余りに悪行を成され候」

悪行とは穏やかではない。

『塩山向嶽庵小年代記《えんざんこうがくあんしょうねんだいき》』ではより手厳しい。同書は、向嶽寺《こうがくじ》の歴代住職によって書き継がれた甲斐国の年代記で、こんな描写がなされている。

「平生悪逆非道也、国中人民・牛馬・畜類共に愁悩す」

普段から非道なことばかり行って、民衆はもちろんのことだが、牛や馬までが信虎の悪政に思い悩んでいたという。

人民だけではなく動物まで悩ませる暴君は、古今東西を通じてみてもなかなかいない。やや表現がオーバーな気もするが、評判が悪かったのは確からしい。今ならば、パワハラ社長そのものだったといっていいだろう。

だが、社長には社長の、いや、信虎には信虎の言い分もある。

信虎は1494（明応3）年の正月に信縄《のぶつな》の長男として生まれたが、武田家は内紛の真っただ中。信縄と、信縄の弟の油川信恵《あぶらかわのぶよし》の間で、争いが繰り広げられていた。信虎にとっては、父と叔父が対立するなかで、幼少期を過ごしたことになる。

◎武田家家系図

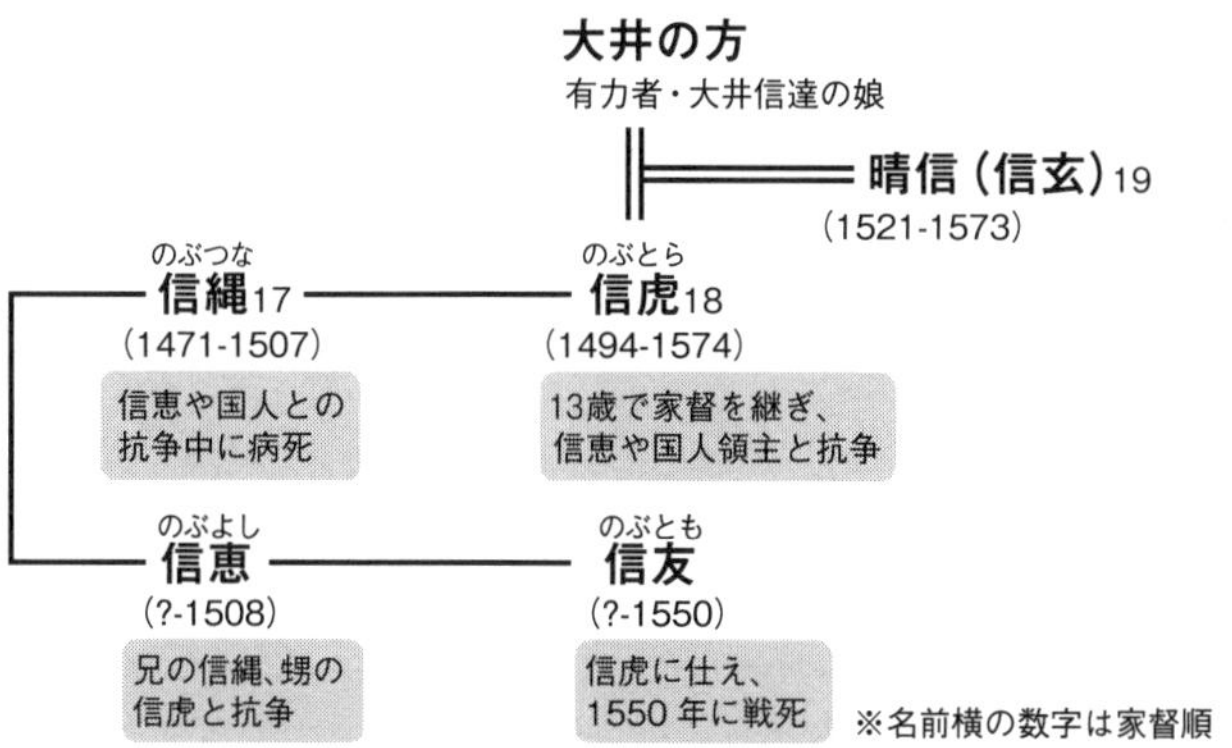

権力を手にした父の信縄が亡くなると、信虎は13歳で家督を継ぐ。すると、幼い信虎に容赦なく、信恵らが襲いかかってきた。

甲府盆地を中心に繰り広げられる骨肉の争い。当主が幼いからといって遠慮はない。むしろ、幼い相手だからこそ、鋭い牙を向ける時代である。それでも信虎は若輩ながら、信恵らに見事な勝利を収めて、その後も国人の領主たちを押さえていく。

甲斐を支配するなかで、信虎はとりわけ有力な敵対者だった大井《おおい》信達《のぶさと》の娘と結婚する。政略結婚である。そうでもしなければ、国内をまとめるのは難しかった。その結果、生まれたのが、信玄である。信玄は「戦の申し子」とも呼ばれた。それほど国が荒れていたのだ。

笹本正治氏は『武田信玄―伝説的英雄像からの

脱却』で、信虎が内乱に苦慮した様から、このように新たな信虎像を打ち出している。

「国人たちは極めて独立性が強く、いつでも武田家に反乱する可能性があったのに対し、信虎の国人たちへの支配力は弱く、信虎と彼らの関係はたとえ臣従したとしても、同盟関係のようなものであった。信虎といえども、国人たちの所領の中にはほとんど立ち入ることができなかったのである」

そんなバラバラだった国内状況を踏まえれば、信虎が強引に統率した事情も理解できなくはない。

ふり返れば誰もついてきていなかった

信虎は、なんとか国内をまとめようと、「棟別銭《むなべちせん》」という家ごとを対象にした税を負わせた。これも家臣たちからすれば当然、評判が悪い。しかし、甲斐国の財政を思えば必要なもので、信虎が甲斐国の統一をほぼ果たしたからこそできた経済政策だった。

パワーあふれる経営者を思わせる信虎は、社内の反感も恐れずに強引に財政基盤を固めると、いよいよ外へと打って出ることになる。

小領主が抗争を続けていた信濃に標的を定めると、諏訪《すわ》氏と同盟を締結。信濃への侵略を開始した。そして、1日で36もの城を落としたともいうから、頼れるリーダー以外の何者でもないだろう。

だが、大きなビジョンを持ちえない、家臣たちからすればどうだろうか。税金は重くなり、戦は増えた。戦のたびに、大きな負担がのしかかって来る。とんでもない暴君だと恨まれてもおかしくはない。

そんな国内の不満が高まって、信虎は駿河に追放されてしまう。それも、実の息子、晴信《はるのぶ》の手によって、である。この晴信が、のちの武田信玄である。

追い出された信虎は、その後、二度と甲斐へと戻ることはなかった。

筆者はかつて『暴君の素顔』という本を上梓した（当時の筆名「山口智司」で彩図社より刊行、2020年8月に文庫化）。

国家の財を散財して、私利私欲を満たす暴君たちの圧政を描いたが、それに比べると、信虎は「暴君」とは言いがたい。

ただ、民衆の気持ちをくみ取ることができなかったために、反感を買ってしまった。せいぜい「実力はあるけれども、空気が読めない空回り経営者」といったところだろう。

家臣への気遣いが生んだマネジメント術

実の息子によって故郷を追われた信虎。ようやく厄介者がいなくなったと、民衆は沸きに沸いたようだ。

「地家・侍・出家・男女共に喜び満足致し候こと限りなし」(『勝山記』)

「一国平均安全になる」(『王代記』)

「国の人民ことごとく快楽の笑いを含む」(『塩山向嶽庵小年代記』)

まさに歓喜。どれだけ嫌われているのだ、という話だが、主君を追い出したことを正当化しなければ、という思惑も透けて見える。

信虎の暴虐ぶりを強調すればするほど、甲斐の国で起きた追放劇が妥当なものだと、後世の人々は判断するだろう。

なぜ、そこまで主君を追い出したことに負い目を感じるのか?

クーデターが、新たなリーダーである信玄が主導したものではなく、反信虎派の家臣たちによって仕掛けられたものだからだ。信玄は祭り上げられた後継者にすぎなかった。だから、信虎をことさら暴君にしなければ、バランスがとりづらい。

もちろん、信玄自身もそのことはよくわかっていた。自分に力があって、勝ち取った地位ではない。周囲に盛り立てられて座った当主の座である。

もし、自分もまた父と同じように、下で働く人間にそっぽを向かれたらどうなるか。想像をするなというほうが難しいだろう。

信玄は信虎を反面教師にせざるを得なかった。

つまり、それは会社でいえば「皆の要望を取り入れて、働きやすい社員ファーストの環境づくり」ということだ。

幕末の館林《たてばやし》藩士・岡谷繁実《おかのやしげざね》が15年かけて集めた『名将言行録《めいしょうげんこうろく》』では、信玄の逸話が数多く紹介されている。

研究者の間では信ぴょう性が乏しい俗書として扱われる『名将言行録』だが、多くのフィクション作品の下敷きにされている。史実であるにせよ、そうでないにせよ、江戸期に信玄がどういう印象を持たれていたかを知るには、参考になるだろう。

『名将言行録』には、こんなエピソードがある。

1540（天文9）年、信虎が追放される1年前のことである。

一度は攻め落とした海尻城を堅く守っていたが、村上勢から攻められて、三の郭《くるわ》を守っていた日向大和らは、城を捨てて逃げ出した。そのとき、援軍にきた信玄とかち合ってしまう。

「このような姿で、まことに恥ずかしく存じます」

だが、信玄は日向を責めることなくこう言った。

「こういうときは誰だってしかたがない。しかし、よくここまで無事に逃れてきたな。余も満足だ」

城を捨てて逃げたのにもかかわらず、こんな言葉をかけられれば、この人のために命を捨ててもよいと思うもの。信玄は大和に大馬印《おおうまじるし》（大将の乗馬の側に立てる目印で特に目立つもの）を預けて、「先頭にして一功名立ててみよ」と促したという。

さすが信玄、部下の失敗を責めずに受け入れる度量の深さ……。

そう印象づけたいのだろうが、意外と家臣が強かったというパワーバランスを知ってしまうと、現場に厳しいことが言えない経営者の姿とダブってしまう。

1545（天文14）年、武田四天王の1人にも数えられている板垣信方《いたがきのぶかた》が大敗を喫した時も、「なにも気にすることはない」と、信玄はフォローしたと伝えられているが、これも何だか頼りない感じがするのだ。

また、『名将言行録』では、信玄が、次のように言って、新たな取り決めを作ったと記載されている。

「毎朝の出仕があれば、私用も入れにくいだろう。朝、用事がある者は昼か晩に出仕せよ。晩に用事のある者は朝出仕せよ。また朝夕に用事のある者は昼出仕せよ」

武田家では、諸侍は毎朝、出仕するのが常だった。現代のサラリーマンの出勤と同じである。日々のそんな通勤の負担を減らすために、信玄はフレックス勤務を促していたのだ。

史実ならば、信玄は、現代の企業で求められている「働き方改革」にすでに着手していたことになる。だが、それも人材を大事にせざるを得ない国内事情があったがためだったのかもしれない。

信玄が1547（天文16）年に定めた分国法「甲州法度之次第《こうしゅうはっとのしだい》」（信玄法度）では、こんな条項が記されている。

「自分がもしこの法に反したときは、身分の高い低いは問わず、目安箱に自分を訴えてよろしい」

当主が自身を縛るような条項を加えていることからも、誰からみても清廉潔白であろうとした信玄の気苦労を感じる。

「常勝軍団」の演出に余念がなかった

追放された父をことごとく反面教師としてきた信玄だったが、どうしても父のやり方から変えられないこともあった。

それは、対外政策である。

父・信虎は国内をまとめると、国外へと打って出た。戦の負担は言うまでもなく重く、家臣の不評を買った。

何も大変なのは、戦そのものだけではない。

攻撃を仕掛ける前に、敵陣の様子を見るための井楼《せいろう》を建築しなければならないし、戦況次第では、穴を掘って坑道を作ることもある。戦場では、武器の修理も重要な任務だ。どの作業にも、そのための人材が当然、必要となる。武器を携えてお互いが戦場でぶつかり合うまでに、すでに重労働が課せられるのだ。

下で働く者のことを思えば、戦はしないほうがよいに決まっている。だが、そういうわけにはいかない事情が甲斐国にはあった。

甲斐では、１４７３（文明５）年に大飢饉で餓死者が続出すると、その4年後にも飢饉が起きている。さらに疫病にも立て続けに襲われ、大雨にも何度か見舞われた。そのたびに甚大な被害を受けている。

そこで問題となってくるのが、食糧である。

災害続きの甲斐国では、特に収穫が不安定だった。対外戦争を仕掛けて、食糧を調達することは、生き延びていくためにどうしても必要なことだった。

民の負担を思えば戦はしたくないが、食糧事情から戦を避けることは難しい。そうなれば、なるべく負担の少ない戦をして、しかも勝利する必要がある。

そんな難題をクリアするために、信玄が重視したのが「情報戦」である。

信玄は、僧や巫女《みこ》、剣術使いなど怪しげな人物も含めて、自分を訪ねてくる者には、なるべく会うようにしていた。何も身分によって分け隔てしない優しい性格だったからではない。他国について広く情報を収集するために、できるだけさまざまな立場の人と交わるようにしたのである。

そうして得た情報をもとに他国を分析しては、スパイを送り込み、嘘の情報を流して、混乱させる――それが信玄の常とう手段である。

そして十分に相手国を切り崩したうえで、合戦を仕掛けるようにしていた。そうすることで、兵の負担は少なく、かつ、戦に勝利することができたのだ。

もう一つ、信玄は情報発信も怠らなかった。

勝利を重ねれば、そのこと自体が、相手をけん制することになる。武田軍のイメージカラーの赤や朱で甲冑《かっちゅう》や旗を塗って目立たせたのもそのためだ。「風林火山」のスローガンを高々と掲げて、アピールに余念がなかった。

常勝無敵の甲州軍団――。

いつしか赤の色を見るだけで、相手が勝手に萎縮するようになった。そうなれば、しめたものだ。兵を損ねることなく勝利するという理想的な展開である。信玄のイメージ戦略の勝利だといえよう。

企業もまたブランドイメージをうまく浸透させることで、商品の購入前から、消費者によいイメージを抱かせている。

信玄はまさにそんなPRとブランディングの巧みさで、勝てる組織を作り上げたのである。

具体的に恩賞を示した

信玄は戦の負担をなるべく軽くしたうえで、恩賞についても、しっかりと与えるようにしていた。これもまた、父のように下の者たちからそっぽを向かれないためには、大事なことだったのだろう。

信玄はライバルの謙信と5度にわたって戦を行った。なかでも大規模な戦となったのが、1561（永禄4）年の4度目の戦いである。

結果としては、上杉勢を撤退させることに成功。だが、武田方は信玄の弟、信繁が戦死した他、多くの有能な武将が命を落とし、両者は痛み分けとなった。

しかし、リーダーが部下に示した報酬には、両軍で差があった。

謙信は、戦功を上げた者には、戦いぶりを讃《たた》えた血染めの感状（戦功の認定書）を与えた。そこには「この名誉と忠節は一生忘れない」などと記されているものの、実質的な見返りはなかった。いかにも謙信らしいが、その思いがきちんと家臣に伝わったかどうかは怪しい。

信玄のほうは、どうだったか。感状の文面こそ型どおりだったものの、二百貫の土地を与えるとし、具体的な恩賞を明示した。

どちらのほうが部下のモチベーションが上がるかは、言うまでもない。

一方で、信玄は、若者相手に所領をむやみに与えることはなかった。

まだどんな人物かわからないうちは、金、銀、衣類を与えるくらいに留めておき、いよいよ相手の人物像を理解することができれば、所領を与えるようにしていたという。

信玄のなかには、家臣についてはトラウマに近い記憶があったに違いない。

父はいつも長男の自分ではなく、次男の信繁のことを買っていた。そうなれば、家臣たちもおのずと晴信（信玄）を軽視するようになる。

晴信はその空気を敏感に察して、無能であるかのように振る舞った。すると、周囲はますますバカにした。当主となった今となっては、表立って逆らう者はいないが、いつ牙をむかれるかはわかったものではない。

そんな思いが信玄にはあったため、ご機嫌取りでモチベーションを上げるための人材マネジメントを行いながらも、一方では心からは信用できないという思いがあったことだろう。

部下のモチベーションを上げるため、信玄は結果を出した家臣には具体的な恩賞を明示した

そんな信玄が信頼を寄せたのが、荻原《おぎわら》昌勝《まさかつ》である。

信玄がうつけのふりをしていたときにも、「晴信こそ大将の器だ」と荻原は考えて、のちに信玄の教育係となる。

逆風が吹いているときこそ、本当に自分にとって重要な人物は誰かを知ることができる。荻原は信玄にとって信頼するに値する人物だったが、そういう家臣が何人もいるわけではない。

もちろん、信玄の疑い深さは、他国相手にも発揮される。

信玄は、服従した領主や武士たちから人質を取ることが多かった。

奪われるほうからすればたまったもの

ではないが、人質を出させることで、裏切りを未然に防ごうとしたのである。

相手を自分に服属させる、そんな際に、信玄は起請文《きしょうもん》にその旨を書かせるようにしていた。しかも提出先は神社だ。

「信玄に対して、謀反や逆心を抱かない」

神にそう誓わせることで、神罰を恐れて謀反を企てられないように、心理的に支配したのである。

ルールや約束事をきちんと文書に残すことで初めて、人はそれを意識して守る。そのことを信玄はよく理解していた。

優秀な後継者候補を潰す

疑い深かった信玄。失敗したのが、後継者作りである。何も、後継者候補がいなかったわけではない。

有力視されたのは、嫡男である武田義信《よしのぶ》だ。

12歳で元服し、2年後には今川義元の娘と結婚。1554（天文23）年、16歳で迎えた初陣では、信濃国佐久郡の知久《ちく》氏の反乱を見事に鎮圧している。謙信との川中島の戦いにおいても、義信は武功を上げたとされている。

血筋も実力も申し分なし。信玄と連名で書状を発出したこともある。義信のために、西の御座所《ござしょ》（躑躅《つつづ》ケ《か》崎館《さきやかた》の西曲輪《にしくるわ》）が建設されるなど、誰もが、その将来を疑わなかった。

武田家はこれから安泰だろう。皆がそう考えていたが、事態は一変する。27歳のときに義信は、信玄に謀反の疑いをかけられて、甲府東光寺に幽閉されてしまうのである。

突然のことだったが、その前兆が、全くなかったわけではない。

1560（永禄3）年の桶狭間の戦いでは、企業でいえば、大企業にあたる今川義元率いる今川家が、ベンチャー企業そのものの信長率いる織田家に敗れたことは、他項で触れたとおりである。

そんなビッグチャンスを、策士の信玄が見逃すはずもなく、ここぞとばかりに駿河を取ろうとするが、義信に反対されてしまう。今川義元の娘と結婚しているのだから、当然といえば当然だが、事を自分の思いどおりに進められないことに、信玄はいらだったに違いない。

信玄は、義信の弟の勝頼の妻として、織田信長の養女を迎えようとするが、それも義信から反対されている。また『甲陽軍鑑《こうようぐんかん》』では、義信の信玄に対する言動に問題があったとして、次のように記述している。

「川中島合戦の信玄公のふるまいについて、いわれのない批判を利口ぶって行い、父子の仲が不和になってからこのような処置をしたのである」

オヤジのビジネスのやり方はもう古いんだ——。

一族経営にありがちな親子ケンカが武田家でも行われたのだろうか。川中島合戦以降も、2人で合戦に参加はしているが、胸中にわだかまりが残っていたとしてもおかしくはない。

そんな軋轢《あつれき》があるなかで、出てきた謀反の疑い。もはや親子の仲は修復不可能になっていた。謀反に関与したとされる長坂源五郎や曽根周防《すおう》は成敗された。義信は命こそ奪われずに幽閉となったものの、行く末に絶望したのだろう、29歳になる年の春に自害している。

ここでもやはり信玄は「自分が父にやったことが、報いとして返ってくるのではないか」という恐れがあったに違いない。

実際のところ、息子の義信に味方する家臣は、父の信虎時代からの古株が多かった。つまり、武田家についている者たちである。一方で、信玄に味方する家臣たちは、信玄個人とのつながりが強かった。

会社についている社員か、社長である自分自身についている社員か――。

同一視されがちだが、社長からすれば、この違いは大きい。会社についている者は、どんなことがあっても自分を支えてくれる、そんな存在になりにくい。新しいリーダーの芽が出れば、そちらを担ぎ上げるだろう。

自身が父を追い出した経験を持つがゆえに、優秀な義信を信玄が警戒したのは、ごく自然な感情だった。

事業継承がうまくいかなかった

だが、たとえ、信玄が優秀な後継者を追い出して、自身は安心できたとしても、武田家としては難局を迎えることになる。

長男亡きあと、誰が信玄から家督を継ぐのか。

次男の龍宝《りゅうほう》は生まれながらに目が見えず、三男の信之《のぶゆき》は10歳で死去している。武田家の命運は、四男の勝頼に託される。

勝頼は、信玄が信濃国の戦国大名、諏訪頼重《すわよりしげ》の娘との間に作った子どもである。勝頼には武田家ではなく、諏訪家を継がせる予定だった。そのため、勝頼の名には、武田家に伝えられている「信」の字が使われていない。

そうして婚姻によって、有力家と結びつきを強めるのが、信玄のやり方だった。ライバル企業とあらかじめ人材交流を図って、幹部を送り込んでおくようなものである。

そんな勝頼が後継者となったのは、内外ともに予定外の出来事ではあったが、勝頼は武田家の軍事の中枢を担うようになり、外交上でも表に出るようになってきた。信玄と連名で書状を出すなど、政権譲渡を意識した姿勢を、外に向けても打ち出し始めたのである。

だが、信玄はやはり勝頼のことも警戒していたらしい。

勝頼を甲府に呼び寄せ、本格的に政権譲渡をしたのは、1571（元亀《げんき》2）年で、信玄が病死するまでに、わずかに2年しか期間がなかった。信玄は自らの死期を悟るまで、後継者に政権を託すことができなかったのだ。孫である信勝のほうを後継者にし、勝頼はそれまでの後見人に、と考えていたことも、本格的な継承が遅れた要因だろう。信玄は言う。

「武田家は勝頼に譲りたいところだが、わしが見るかぎり、そうではない。ゆえに勝頼の子信勝が15歳になったら正式に家督を譲る。それまで勝頼が後見役を務めよ」

◎信玄の後継者候補

信玄

- 長男 **義信**：母は今川義元の娘。信玄から目を掛けられていたが、謀反を疑われて幽閉されると自害した
- 二男 **龍宝**：母は兄と同じだが、生まれながらに盲目で（幼少期に失明した説もあり）、後継者とは目されず
- 三男 **信之**：母は兄らと同じ今川義元の娘だが、10歳のときに死亡
- 四男 **勝頼**：母は信濃の豪族・諏訪家の娘。諏訪家を名乗っていたが、兄らの死を受けて武田の当主に

しかし、時すでに遅し。信玄は肺結核で没し、継承への準備不足が武田家の滅亡を招くことになる。

信玄は「自分が死んだら、3年間は隠しておけ。そうすれば、わしの死は誰も知るまい」と遺言をするも、死後まもなくして、他国に発覚。信玄の死というチャンスを、織田信長や徳川家康が見逃すはずもなく、2つの勢力は急速に拡大していく。

そして、最強と言われた武田軍の騎馬隊は、長篠の合戦にて、信長の鉄砲隊の前に敗れる。最新の技術を持つベンチャー企業に対して、世代交代が遅れた老舗企業が勝てるはずもなかった。

信長は、鉄砲という新兵器を中心に置いた

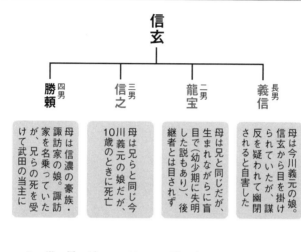

軍事改革を15年かけて行っており、この合戦の前年には、伊勢長嶋の一向一揆対策で、一斉射撃をしている。いわば、予行練習を行っていた。武田家の情報部隊がそれをつかんでいればと思うが、信玄なき今、情報網も衰えていたのだろう。会社でもそうだが、「引き継ぎようのない事項」というものがあり、それこそが、組織の肝だったりするものだ。

勝頼は妻と信勝とともに自害。勝頼の辞世の句は、代々続いた老舗企業が、自分の代で終わることのもの悲しさに溢《あふ》れている。

「おぼろなる　月もほのかに　雲かすみ　晴れて行くへの　西の山のは」

事業継承は現代のビジネスでも困難を極める。とりわけ、世襲が多い中小企業は、事業を譲渡しようにも、後継者候補は限られている。武田家と同じ運命をたどる心配が全くない会社のほうが珍しいのではないか。

そうではなくとも、信玄のイメージ戦略は個人の能力に寄るところが大きく、引き継ぎも難しい。信玄は死ぬ間際に、自分の死を隠すことと、もう一つの指示を出している。

「瀬田の大橋に、武田の旗を掲げよ」

イメージ戦略を最後まで重視したが、実力をかさ上げするのも、もはや限界である。倒産は逃れられなかった。

上杉家
努力や苦労が報われないブラック企業

キーパーソン

▼上杉謙信（1530 ～ 1578）

越後国生まれ。守護代・長尾為景の子。元服して景虎と名乗る。18 歳で家督を継承、21 歳で越後を平定。才覚を認められ、31 歳のときに上杉家の家督を継いで越後守護に。関東の北条家や甲斐の武田家とたびたび戦った。戦上手で知られるが、京の公家や僧侶とも交流し、書や和歌もたしなんだ。若い頃から仏教に帰依していたことでも知られる。

豪雪地帯での過酷すぎるプロジェクト

第一義《ぎ》——。

「越後の虎」「軍神」と呼ばれた猛将、上杉謙信《うえすぎけんしん》が座右の銘としていた言葉である。謙信は、何より「義」を重んじて、領土欲もなく、天下統一を「目指さなかった」武将として知られている。

血で血を洗う戦国時代に、謙信のような生き方をすることが、どれほど難しかったことだろう。生き馬の目を抜くビジネスの世界でいえば、売り上げよりも理念を大切にするようなホワイト企業を思わせる。

ひたすら結果を求める織田信長（10〜25ページ参照）ではなく、謙信についていきたい……競争があまり好きではないタイプの就活生がいたならば、そんなふうに思うかもしれない。義に厚い謙信のもとならば、下で働く人間にとっても働きやすい環境に違いないと。

だが、上杉家に仕えることは、そう楽ではなかった。

謙信は、現在の新潟県上越市にあった春日山城《かすがやまじょう》を本拠にし、越後国《えちごのくに》を治めた。だが、越後

◎上杉家周辺地図

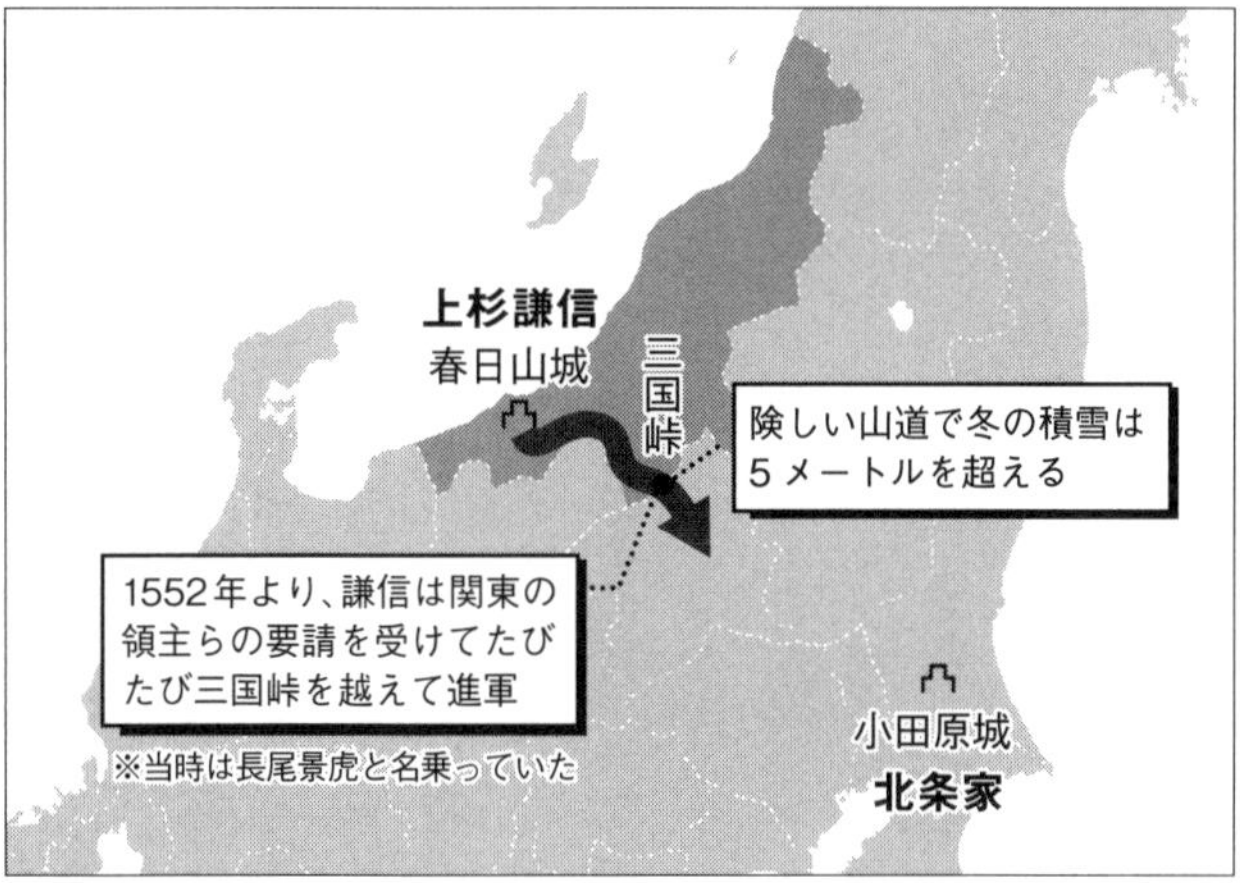
上杉謙信
春日山城
三国峠
険しい山道で冬の積雪は
5メートルを超える
1552年より、謙信は関東の
領主らの要請を受けてたび
たび三国峠を越えて進軍
※当時は長尾景虎と名乗っていた
小田原城
北条家

国は、地理的にあまりにも過酷だった。関東へ出兵する際には、険しい三国《みくに》山脈を越えることになる。そのため、関東への遠征は「越山《えつざん》」と称された。

もちろん、地理的な過酷さは謙信の責任ではない。だが、謙信は1552(天文《てんぶん》21)年から20年あまりにわたって、実に13度も越山を行っている。特に1561(永禄《えいろく》4)年に上杉憲政《のりまさ》から上杉家と関東管領職《かんとうかんれいしょく》を譲り受けて「謙信」と名乗るようになってから、その回数は多くなった。ほぼ毎年、越山に挑んでいるのだ。

もし、自分が家臣だったら、「また越山……もう勘弁してくれよ……」と愚痴っていたことだろう。

いや、実際は愚痴を言う気力すら家臣にはなかったのかもしれない。

なにしろ、13回の越山のうち、実に11回が雪の降る時期だったことが、『越後歴史考』を著した渡邊三省氏の調査でわかっている。越山で通ることになる三国峠は豪雪地帯で、積雪は5メートルを超える。それだけで精一杯になってしまいそうだが、当然、山を越えたあとには、戦という大仕事が待っているのだ。

それでも、プロジェクト成功の暁《あかつき》に領土拡大が期待できれば、モチベーションも保ちようがある。しかし、前述したように、謙信には領土欲がなかった。

つまり、苦労して山を越えて、戦をしたところで、見返りは特にない。欲のないリーダーが世間的に尊敬されるのはよくわかるが、下で働く者にとっては、領土の増えない戦に駆り出されるのは、たまったものではないだろう。

謙信が率いる上杉家は、会社にたとえるならば、努力や苦労が報われないブラック企業そのものだった。

お上の後ろ盾がほしくてたまらない

謙信は1530（享禄《きょうろく》3）年、長尾為景《ながおためかげ》の次男（三男あるいは四男という説もある）として、越後の春日山城で産声を上げる。寅年《とらどし》に生まれた謙信についた名は「虎千代《とらちよ》」。

猛将としての活躍を期待できそうな名前だが、謙信が生まれた時点で、家督は兄の晴景《はるかげ》と決まっていた。謙信は、生まれながらにして、兄の二番手という運命を背負っていた。

予定どおり、晴景が家督を継ぐと、まもなくして父は死去。謙信がまだ12歳のときのことである。

ところが、父の死後、謙信を取り巻く環境が変化していく。国内では段々と、晴景ではなく、謙信のほうを当主にと推す動きが出てきたのだ。

なぜならば、晴景は病弱だった。一方の謙信は、14歳で初陣を飾り、攻撃を仕掛けてきた近隣の武将たちを打ち破っている。

ちなみに、謙信はこの初陣から満48歳で没するまでに、実に70以上の合戦に参加。諸説あるが、43勝2敗25分の成績だったといわれている。大敗はほとんどなかったというから、相当な戦上手だったことは確かである。後世に「最強の戦国武将」として、謙信の名が挙げられるのもうなずける。

初陣の翌年には、謀反を起こした老臣、黒田秀忠《ひでただ》の討伐にも成功。兄よりも、謙信に周囲の期待が高まるのは、自然なことだろう。直接的な対決はなかったものの、当主を巡っての周囲を巻き込んだ兄との静かな争いが始まった。それは1551（天文20）年まで続いたが、最終的には、兄が謙信に従うかたちで終結することになる。

だが、勝利した謙信の胸中は穏やかなものではなかった。考えてもみてほしい。もし自分が謙信の立場ならば、安心して国を運営できるだろうか。

「自分ではなく兄を慕っていた家臣たちは、自分に従ってくれるのだろうか？」

そう不安になっても無理はない。

内乱を抑えながら、対外的にも自分が当主と認めてもらうように、働きかけなければならなかった。会社でいえば、次期社長には選ばれたものの、従業員たちからどれくらい支持されているのか自信が持てない、まさにそのような状態である。

謙信からすれば、天下などは別にほしくない。それよりも、どうにかして、自分が当主としてやっていけるだけの、後ろ盾となるような権威がほしい。それが切実なる願いだった。

謙信が兄弟争いをしたのち、どんな行動をとったかをみれば、そのことがよくわかる。

謙信は、1553（天文22）年9月と1559（永禄2）年4月と、二度にわたって上洛を果たしている。一度目は、後奈良《ごなら》天皇に謁見。その少し前に、従五位下《じゅごいげ》・弾正少弼《だんじょうしょうひつ》を命

◎上杉謙信の出世

1545年	謀反を起こした黒田秀忠を破り、家中で注目される
1548年	家中争いの結果、病弱な兄は隠居、謙信が家督を継ぐ
1550年	将軍足利義輝《よしてる》から越後国の守護代行を命じられる
1552年	朝廷より従五位下《じゅごいげ》・弾正少弼《だんじょうしょうひつ》に命じられる
1553年	上洛して後奈良天皇に叙勲の礼を述べる
1556年	心身の疲労で出家を宣言、春日山城から逃走
1559年	上洛して義輝から関東管領《かんとうかんれい》のお墨つきを得る

じられたことの御礼をわざわざ伝えにいっているのだ。

そして、二度目は、室町幕府第13代将軍・足利義輝《よしてる》に謁見している。天皇と将軍から、お墨つきをもらうことで、自分が当主であることの正当性を得たのである。

二度目の上洛の際には、義輝から「上杉家の家督を相続し、関東管領を務めよ」という内示を受けた。ここから、「越山」プロジェクトが活発化したことはすでに書いたとおりだ。張り切るのは当然のことだろう。戦国時代以前は、関東の首都・鎌倉に公家がいた。謙信は、関東の秩序を一新させようとしていたのかもしれない。当主としてやっていくのに、十分すぎるほどの実績である。

謙信の不安は理解できるが、下で働く者は、どこまでそんな事情を理解していただろうか。自分の後ろ盾となる権威がほしくて、社員まで巻き込んで、アピールに励む……。下で仕える部下からすれば、不満が出てきてもおかしくはない状況だろう。

すべてを投げ出して逃亡

謙信といえば、宿敵である武田信玄との名勝負が有名だ。川中島の戦いである。謙信と信玄の間では、1553（天文22）年から1564（永禄7）年まで、12年間で5回も戦が行われた。

そもそものきっかけとしては、甲斐の戦国大名、武田信玄が1日で16の城を落とすという尋常ではないペースで、信濃方面へと勢力を拡大したことにある。これに危機感を募らせた村上家当主の義清《よしきよ》が、謙信に援助を求めたのである。

信玄が信濃方面への勢力拡大に成功すれば、越後国も狙われる。謙信にとっても、この信玄の勢いは、削《そ》いでおかねばならなかった。謙信は義清の要請に応えて、兵を出陣。信玄を食い止めることに成功し、その後、先に述べた一度目の上洛を行っている。

実はこの上洛のときに、謙信は天皇に謁見しただけではなく、大坂本願寺、高野山、大徳寺など寺院との関係性も強めている。とにかく不安な謙信からしてみれば、自身の後ろ盾になるようなつながりは、いくらあっても十分ではなかったのだろう。

そうして謙信は武田氏と戦いながらも、自国の整備を行っていった。一見すれば、当主として順風満帆な日々を送っているかに見えた。

だが、謙信の胸中は穏やかではなかった。家臣たちがあちこちで争っているのが、耳に入ってきたからだ。やはり、自分では越後の国はまとまらないのか――。

不安がピークに達した1556（弘治《こうじ》2）年、26歳だった謙信はとんでもない行動に出る。禅の師匠・天室光育《てんしつこういく》への手紙に、こんな思いを打ち明けた。

「領国内の混乱が収束し、安定した世になったので、古人も『功なり名を遂げたからには身を退くものだ』と言っているのにならって、隠居して出家したい」

これからというときに、まさかの引退宣言である。

手紙には、理由も書かれていた。なんでも「国内の整備をこれだけ進めて、大名としても幕府に認めさせるなど功績があるにもかかわらず、配下同士の争いが絶えないので嫌になってしまった」という。要は、当主として努力しているのに、誰も褒めてくれないので、すねてしまったのである。

実際に、謙信は春日山城から馬で駆けて、越後を脱出。和歌山にある高野山《こうやさん》まで逃亡している。

慌てたのは、家臣たちである。辞めないでほしいと、懸命な説得に乗り出した。その姿に謙信も、ようやく当主として自分が必要とされていると、実感することができたのだろう。結局は、引退を撤回している。

それにしても、当主という立場でありながら、「じゃあ辞めます」などとよく言えたものである。家臣たちの気を引きたかったのではないか、という説もある。

確かに、そういう面倒くさいところが、謙信にはあった。関東管領職を譲り受けたときも、いったんは固辞する姿勢を見せている。周囲が「どうかやってほしい」と盛り立ててくれないと、どうも謙信は落ち着かないらしい。

その後は、宿敵・信玄を打倒するために、ひた走った謙信。関東管領職に就いたのちは、義のために過酷な「越山」を繰り返すことになる。

だが、なぜ、それほど遠征を繰り返したのか。その理由にもまた、謙信ならではのややこしい美学があった。

臣下に気を遣われまくっていた

領土を拡大するわけでもないのに、なぜ、謙信は過酷な越山プロジェクトを何度も行ったのか。それも大雪のなかを……。

「食糧を確保するために遠征をしていた」という説もあるが、戦争の準備のために食糧はむしろ必要となる。冬季にわざわざ軍隊を出すのは見合わないし、敵地にそう都合よく略奪しやすい農作物があるとも限らないだろう。

わざわざ過酷な時期に、謙信が関東へと出兵したのは「義」のためである。

謙信は、譲り受けた関東管領職としての役目を果たすために、他国から支援があれば、関東平定のために駆け付けた。具体的に言うならば、拡大を続ける北条家から周辺国を守るために、謙信は兵を率いて雪山を越えて、戦に加わったのである。

謙信たちが雪の時期にわざわざ遠征していたのも、周辺国からの援助要請が多い時期だったからだろう。攻め込む北条家からすれば、謙信たちが容易にはたどり着きにくい季節を選ぶのは当然のことだ。

強大な北条家に狙われた国からすれば、謙信ほどありがたい存在はなかったに違いない。「さすが、義に生きる男だ」と評判が高まったことは容易に想像がつく。

しかし、それに付き合わされる家臣たちからすればたまったものではない。謙信からすれば、反北条派に軍事援助をする代わりに、自分たちが北条家と対峙したときに、周辺国から軍事援助を受けられるというメリットがあった。

つまり、大きな視点で考えれば、越山は自分たちを守るためのものだったが、現場がそんなことに思いを馳せるはずもない。

信長のように、結果には厳しいが、きちんと戦果に応じた見返りがあるほうが、よほどやる気が出る。そんなふうに考えた家臣も少なくはなかっただろう。

傍《はた》から見れば、ものすごく社会にとってよいことをしているのに、従業員からすれば、過酷なブラック企業だということは、珍しくない。社会全体にとってプラスになることは、必ずしも売り上げにつながるとはいえず、社員の生活を困窮させてしまうという縮図である。

不満を持つ家臣はいくらでもいただろう。それでも、謙信に意見することは、難しかった

意外にも怒りっぽかった謙信。現代に生きていればビジネス書を読んで、怒りをおさえる術を学んでいたかもしれない

ようだ。『上杉謙信　「義の武将」の激情と苦悩』を著した今福匡《いまふくただし》氏は、家臣同士の書状から、こんな文面を見つけている。「昨日は、殿様のご機嫌がよく、われらも気分よく退出でき、満足である」

謙信にかなり気を遣っている臣下の様子がありありと伝わってくるではないか。謙信は臣下への書状で「馬鹿者」と罵ったり、叱責したりすることも日常茶飯事だった。謙信自身も「短慮をやめる」（すぐ怒るのをやめる）などと目標を立てていることからも、怒りっぽいという自覚はあったようだが、性格はそう簡単に変えられるものではない。

謙信が現在のビジネス社会で上司の立

場だったならば、「怒らない方法」といったビジネス書を読みふけっていることだろう。自分の性格を変えようという努力は見られるものの、謙信の気難しさが上杉家をブラック企業化していたことは否めないようだ。

困った社長だが、どこか憎めない

傍から見ればホワイト企業だが、従業員からすればブラック企業――。

謙信率いる上杉家は会社にたとえれば、そんな状態だったが、謙信が無能だったわけでは、もちろんない。『上杉謙信』(石渡洋平著)で、謙信の経済政策について分析がなされている。

謙信は、町民の声にもきちんと耳を傾けていた。1560(永禄3)年には、港湾都市として栄えた府内《ふない》という地域の町人に対して、こんな命令を下している。

「府内にはこれまで臨時の税や新たな税を課してこなかったが、町人は日に日に困窮していると聞く。これを受けて輝虎《てるとら》は一つには困窮への哀れみ、もう一つには困窮による外見をはばかり、困窮の原因を探るという判断で、古くから町人に課してきた税を5年間免除する」

輝虎とは謙信のことである。わざわざ「これまで臨時の税や新たな税を課してこなかった」とことわっているのが、なんとも謙信らしい。「新たな税も課していないんだから、生活の不満は俺のせいにしないでくれよな！」としっかり主張しながらも、目的も明記したうえで、5年間の税の免除を打ち出している。

さらに、謙信は、越後の中央に位置して交通の要所でもあった柏崎でも、商売が活発になるように税の免除を行っている。

この頃、柏崎の住人が、近隣の領主と結びついて、柏崎の居住地から離れてしまうことがよく起きていた。そこで、人の流出を防ぐための減税を謙信は実施したのだ。それでも不十分だとみれば、これまでの税の滞納分の支払いも免除するという懐の深さも見せている。

こうした減税を中心とした経済策が功を奏して、越後国の経済を活性化させることに成功。だからこそ「越山」などの軍事活動をすることができたのだ。義のために生きるには、金がかかるのである。そして、無欲なイメージが強い謙信だが、居城春日山城の金蔵に莫大な金を蓄えており、実は財テクも得意だった。

領土欲がないがゆえに、家臣への還元は期待できなかったが、気難しい謙信なりの気遣いがあったことも記しておきたい。

あるとき、幼い頃から自分に仕えた中条景泰《なかじょうかげやす》を、戦場から実家に送り返すことになった。理由は、謙信が止めるのも聞かずに、鉄砲隊の前に飛び出すなど、15歳になろうとする景泰が、あまりにも危険な行動を繰り返したからだ。景泰が命を落とすことのないように、心配したうえでの対応だったが、親からすれば、戦場から送り返された息子に複雑な感情を抱くかもしれない。そこまで心配した謙信は、こんな手紙を送っている。

「あなたの息子を戦地より送り返すとは言っても、恥じる必要はない。臆病だからではなく、血気に逸《はや》るせいだからだ」

ここまで気遣いができるリーダーはなかなかいない。自分が繊細がゆえに、そういうことにも気配りができたのだろう。

また、功績を残した家臣には、謙信自らが、「御前酒《ごぜんしゅ》」として酒を振る舞ったという。家臣としては望外の喜び……のはずだが、謙信は何杯も何杯もその酒を注いだ。酒に弱い家臣にとっては苦痛だったかもしれない。

もちろん、例のごとく謙信に悪気はない。だからこそ厄介なのだが、謙信はとにかく酒が好きで、馬に乗りながらでも酒が飲めるようにと、「馬上杯《ばじょうはい》」というドンブリ盃まで作らせているくらいだった。

◎上杉謙信晩年の勢力図

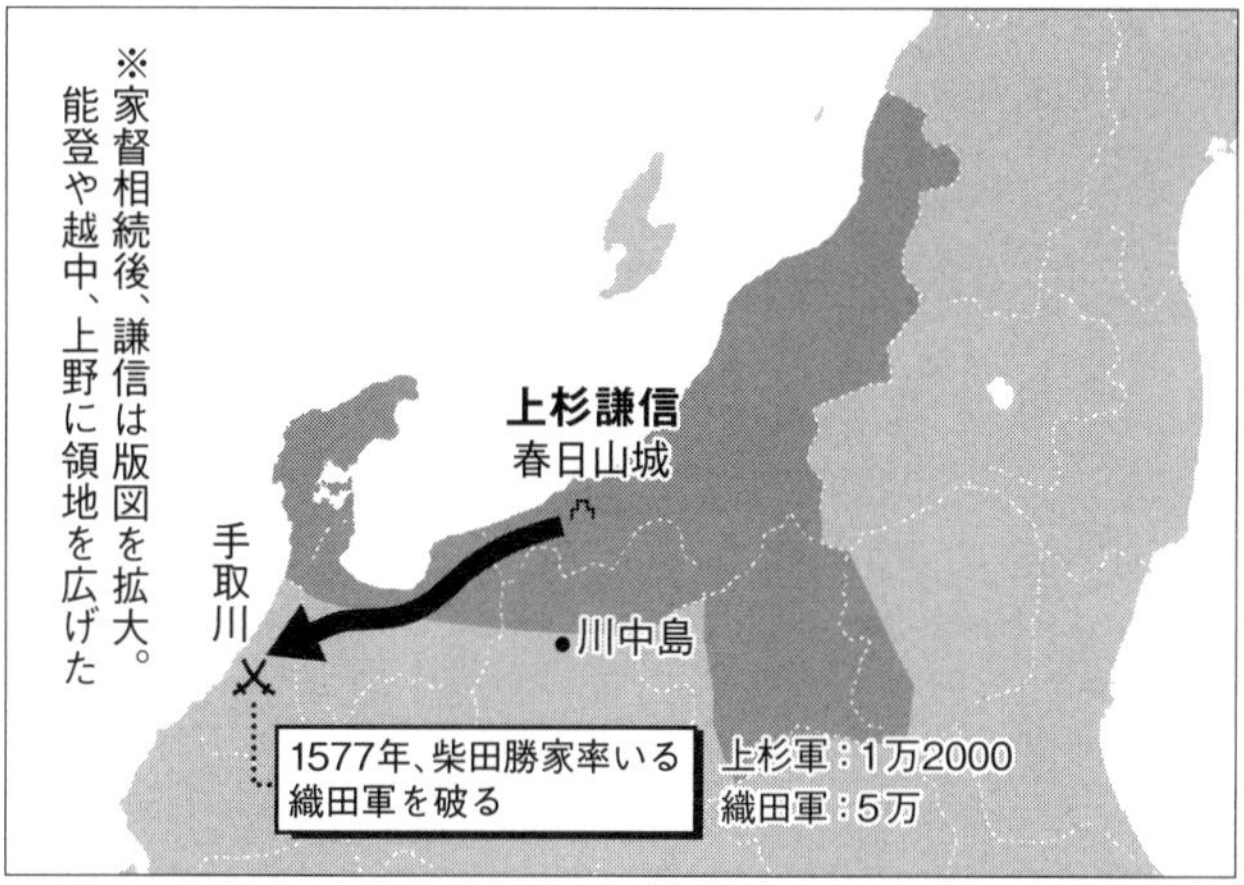
※家督相続後、謙信は版図を拡大。
能登や越中、上野に領地を広げた
上杉謙信
春日山城
手取川
川中島
1577年、柴田勝家率いる
織田軍を破る
上杉軍：1万2000
織田軍：5万

酒を飲んで騒ぎすぎて関白を困らせるなど、ほとんどアル中の域だった謙信は、よかれと思って、がんばった家臣に酒を注ぎまくったのだろう。今だったら、パワハラ案件である。だが、下の人間への気遣いもまた空回りしているのが、なんとも謙信らしいではないか。

せめて、最期くらい「義に生きた男」にふさわしい舞台を用意してあげたいものだが、運命は非情である。

領土欲もなく、天下をとる気もなかった謙信だが、47歳のときに「手取川《てどりがわ》の戦い」と呼ばれた戦闘で織田軍を下すと、なんだか急に野心を抱き始めたらしく、こう豪語している。

「覚悟して織田と戦ったが、案外に弱い。この分なら、天下を統一することは簡単だ」

もしかしたら、俺って結構イケてるんじゃないか……そう思い始めたのである。これもまた、ブラック企業の社長にありがちだが、成功を収めると、途端に調子づいてしまう。もちろん、その先にはあまりよい未来はない。

春日山城に戻った謙信は、その翌年には、大遠征の号令をかけた。

ついに大勝負に出る決意を固めた謙信。だが、似つかわしくないことをした者に、時に神様は酷な仕打ちをするものだ。

1578（天正6）年3月13日、その日の朝、謙信は厠《かわや》、つまり、トイレに入ったきり、出てこなくなった。異変に気付いた家臣が様子をうかがったときには、時すでに遅し。謙信は、脳溢血《のういっけつ》によって死亡していた。

「軍神」と呼ばれた男の最期の場所が戦場ではなくトイレだったとは何とも気の毒だが、その間の悪さもまた謙信の人間臭いところ。環境は過酷だが、下で働く家臣は案外と「うちのボスはああだからなあ」と苦笑しつつ、受け入れていたのかもしれない。

毛利家
一大グループを作った理想的なホワイト企業

キーパーソン

▼毛利元就（1497 ～ 1571）

安芸国生まれ。はじめ大内義隆の配下。幼い頃に両親が死去。さらに家臣が離反し、苦しい生活を余儀なくされるが、家督を継いだ兄の急死を受けて、19 歳で当主の後見人に。26 歳で家督を継ぐと、地盤を強化。義隆が陶晴賢に討たれると、厳島で晴賢を破って中国地方で存在感を発揮する。ついで大内氏、尼子氏も倒し、中国地方に一大勢力を築いた。

知る人ぞ知るホワイトな環境

毛利元就《もうりもとなり》といえば、「3本の矢」の逸話がよく知られている。

というよりも、もはや戦国ファン以外にとっては、「毛利元就＝3本の矢」というくらい、人物自体の印象が薄い人も多いのではないだろうか。あるいは、NHKの大河ドラマで観たという人もいるかもしれない。

戦国武将の名を挙げていっても、元就の名が織田信長、豊臣秀吉、武田信玄や上杉謙信よりも早く出てくることは、まれだろう。強烈なカリスマ性はそれほど感じられない……まどろっこしい言い方はやめよう。とにかく地味なのである。

だが、その知名度とは裏腹に、元就は戦国時代、有数の実力を誇った大名である。もともとは弱小国の領主だったにもかかわらず、中国地方を平定するまでに成り上がった。元就以上の成功を収めた武将を見つけるのが難しいくらいである。戦国時代における「ミスター下《げ》剋上《こくじょう》」。それが、毛利元就だ。

また、それだけの結果を出しながらも、元就の統治法は、信長のような恐怖政治とは程遠かった。自主性を重んじて、家臣たちに権限を譲渡。家臣たちが自ら考えて行動するという、現代のビジネスにあてはめても、理想的ともいえるマネジメントを行っていた。

さらに、謙信のようにいくら戦上手だったとしても、家臣たちにとって幸せとは限らない。どんな戦でも、民への負担は重いもの。客観的に見て勝ち目のない戦いに挑むことはなく、そうした点でも評価できる。現場の人々にとって、安心して働ける環境だったといえるだろう。

ただ、とにかく地味だったから、信長や秀吉のような求心力には乏しかった。若い人が自由に主君を選べるのならば、実力に自信がある人は信長へ、なんだか楽しそうな雰囲気が好きな人は秀吉へ、一本筋が通った信念を持って働きたいならば、謙信に仕えることだろう。

戦国時代に、現代の就職活動のようなものがもしあったとすれば、

「第1志望は毛利家です!」

というのは、ちょっとマニアックで、業界研究をかなり重ねている若者のように思う。

よい組織なのに知名度がイマイチ――。毛利元就率いる毛利家は、現代の会社でいえば、地味だけど理想的なホワイト企業、というたとえがぴったりだろう。

なぜ、元就は熾烈《しれつ》な争いが繰り広げられる戦国時代において、理想的な環境を作ることができたのだろうか。

家来に寛大だったクールな理由

リーダーの人格は、育ってきた環境によって形作られる。そして、リーダーの人格が、マネジメントの方向を決定づける。

元就の場合は、幼少期のつらい経験が、その後の毛利家の当主としての在り方に大きな影響を与えた。

元就は、安芸国吉田郡山城《あきのくによしだこおりやまじょう》の城主、毛利弘元《ひろもと》の次男として生まれた。

城主の子といえば、恵まれた環境をイメージさせるが、とんでもない。安芸国周辺において、西は大内氏、東は山名《やまな》氏や細川氏という大勢力に挟まれ、細川政元《まさもと》が室町幕府の将軍・足利義澄《あしかがよしずみ》を擁したため、毛利家は、室町幕府と大内家の勢力争いにおいて、板挟みの苦しい立場に立たされていた。大手企業に囲まれるなか、おろおろとする中小企業のような切なさが、当時の毛利家からは漂ってくる。

追い詰められた父は、元就が3歳のときに、逃げるように隠居。家督は元就の兄で、たった8歳の嫡男、毛利興元《おきもと》へと譲られた。元就はといえば、父とともに多治比猿掛城《たじひさるがけじょう》で暮らす

◎元就誕生時の毛利家周辺地図（1495年前後）

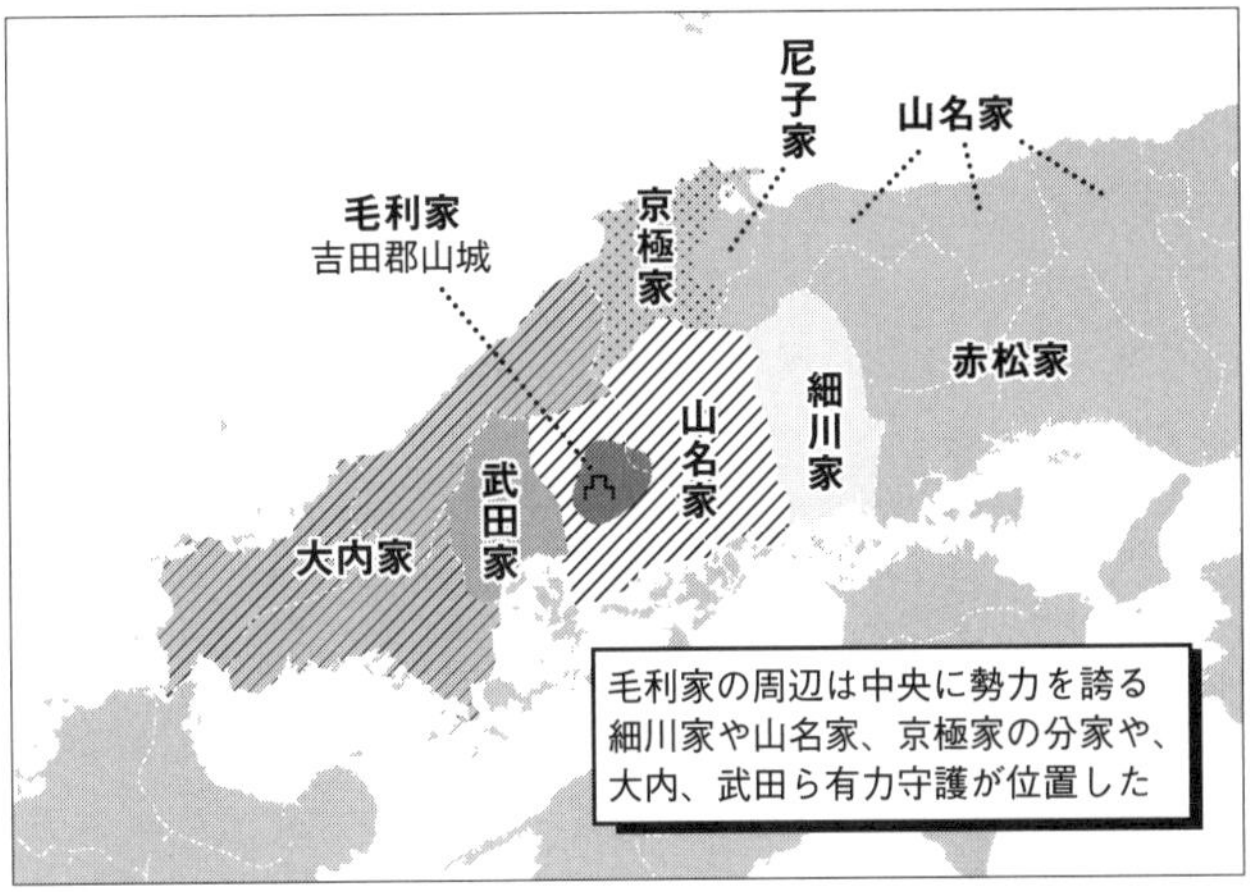

ことになる。

だが、波乱は続く。

まもなくして母が死去。さらに、元就が9歳のときには、父も他界してしまう。原因は酒の飲みすぎというから、何ともやりきれない。

将来が全く見えないなかで、さらなる困難が降りかかる。幼い元就は、家臣であるはずの井上元盛《もともり》に裏切られる。無残なまでに領地を奪われ、城から追い出されてしまったのだ。元就は、幼少期に度重なる人生の不幸を、その一身に背負うことになったのである。

領民はそんな元就のことを、こんなふうに呼んでいたという。

「乞食若殿《こじきわかとの》」

禄《ろく》がないから、馬を飼うことも、家来を食べさせることもできない。いかに困窮していたかがわかるだろう。

逆境に置かれた元就を支えたのが、父の継室で、義母の杉大方《すぎのおおかた》である。城を失った元就は、杉大方のおかげで、城下の屋敷に身を寄せることができた。義母の愛情だけで、なんとか元就は生き延びることができたといっても大げさではない。

義母の勧めで、元就は毎朝、太陽を拝み、念仏を唱えるようになった。これは、日課として、生涯続けられることになる。優れた経営者ほど、ルーティンを大切にする。ここぞというときの決断を誤らないためにも、精神をフラットにしておかねばならないからだ。元就は早くからそれを実践していた。

また、幼少期には、こんなエピソードがある。

ある日、お守り役が、元就を抱いて水の中を渡っていると、つまずいてコケて、元就を溺《おぼ》れさせてしまった。家来が青ざめたことはいうまでもない。

それでも幼い元就はこう言って家臣を許したという。

「道を行き躓《つまず》くは常なり。いささか心を労するに及ばず」（道を歩けば、つまずくのは当たり前である。気にすることはない）

元就の寛大さを示す逸話だが、その裏には「人間は失敗するもの」という冷徹な目があることも見逃せない。他人に期待しなければ、他人の失敗も想定内である。もしものときにも慌てふためく必要もない。

元就はその用意周到さから知略家とされている。それは常に失敗を想定したからだろう。

「孤独な者は、もっとも強い」

東急グループ創始者で、買収の多さから「強盗慶太」とも呼ばれた、五島慶太の言葉だ。

幼少期に理不尽な目に遭い続けたことで、元就は、他人に期待しない自立した精神を身につけ、それを毛利家のマネジメントに生かした。

健康に気を配り、バックにつく勢力を吟味

「乞食若殿」と呼ばれるほど悲惨な状況だった元就。

一体、どのようにして当主の座に就いたのだろうか。きっかけの一つが、兄である毛利興元が24歳の若さで急死したことだ。

亡くなった理由は、父親と同様に、酒の飲みすぎだった。ついでにいえば、祖父もまた酒の飲みすぎで亡くなっている。

そんな経験から元就は生涯、酒を慎んだ。のちに息子の隆元には「酒の儀《ぎ》、分を弁《わきま》えること」と注意している。さらに、孫の輝元《てるもと》が酒を好むことを知ると、こんな手紙を送った。

「父や兄は皆若くして酒で果てた。私が長寿、健康であるのは酒を飲まなかったからである」

これだけ身内で飲酒による健康の害があれば、自身が気をつけるのは当然のようにも思うが、それをきちんと実践する意志の強さが、元就にはあった。孫にまで注意することで、毛利家として二度と同じ悲劇を繰り返すまい、という決意が伝わってくる。

家族だけではない。元就は、家来の身内にさえも注意している。大酒飲みの兄を持つ家来には「ちと酒を控えるよう伝えなさい」と気を配った。家来に大酒を飲ませた謙信（98〜114ページ参照）とは大違いである。

トップがまず己を律することで、組織の規律は高まっていく。

特に健康管理は、戦国時代においても、ビジネスの世界においても、最重要事項といっていいだろう。いくら実力があっても、病に倒れては何の力も発揮できない。自身はもちろん、部下の健康に気をつけることも、名リーダーの条件といえそうだ。

酒の害とは無縁だった元就は、家督を継いだ兄の死で、運命が大きく変わり始める。興元には幸松丸《こうまつまる》という子どもがいたので、元就がすぐに毛利家の家督を継いだわけではなかったが、幸松丸はまだ1歳の幼児である。元就の影響力はおのずと高まった。

だが、たった1歳の当主が家督を継いで、周辺国が放っておくほど、戦国時代は甘くない。ここぞとばかりに、武田元繁《もとしげ》が侵入してきて、有田城を包囲してしまった。

お家の一大事だったが、元就は反撃を加えて、武田を見事に撃退。20歳の初陣を勝利で飾っている。勢いに乗った元就は壬生城《みぶじょう》を攻略。勢力を拡大していく。

存在感を強めた元就は、家督を継いだ幸松丸の補佐という立場でありながら、実質的には当主のように大きな決断を下す。それは、どの勢力につくか、という選択である。

毛利家が大内氏の勢力下にあったことはすでに述べたとおりだが、元就は台頭してきた尼《あま》子《ご》氏に急接近して、鞍替えを決意する。大内氏の拠点である鏡山城《かがみやまじょう》の攻撃に参加。密使を派遣して開城させることに成功した。

そうかと思えば、尼子氏からの恩賞の領地が少ないことに不満を持つと、今度は大内氏側に寝返って、尼子氏の20倍以上の条件で領地を与えられている。その後も、大内氏と尼子氏の間をウロウロとして、形勢をみてはどちらにつくかを判断し、キャスティングボートを握り続けたのである。

現代のビジネスにおいては、長年の付き合いのあるパートナー企業や取引先を、つい重視しがちだが、元就はそうではなかった。しがらみを断ち切り、時代の流れを読んで、バックにつく勢力をしっかりと選択していた。そこには、肉親の死から酒を控えたように、状況的にまずいことになりそうならば、改善を繰り返す姿勢が見て取れる。

「道を行き躓《つまず》くは常なり」

道を歩けば、つまずくことはしかたない——。

ならば、どうするかと、元就はいつも考え、リスクマネジメント能力の極めて高い組織を作り上げたのである。

書面で残すことを大切にした

そんな元就が満を持して家督を継いだのは1523（大永3）年、26歳のときのことだ。

幸松丸が8歳で亡くなり、重臣たちに推挙されるかたちで当主となった。15人の宿老《しゅくろう》が連名

元就は約束事を書面に残すことを心がけ、データ管理を重視した

して、次のような要請状を元就に送っている。

「幸松丸が早世し、このままでは毛利家が断絶するので、元就に家督を引き受けてもらいたいと申し上げたところ、御同意いただきありがとうございます。これからは大小どのようなことでも疎《おろそ》かにしたり、逆らったりすることはありません」

同意にあたっての要請状ならばわかるが、もう同意には至っているのにわざわざ送っているところをみると、元就が希望したのだろう。

状況的には、元就が家督を継ぐのが自然だったが、実はあっさり決まったわけではなかった。先に、元就が大内氏の勢力下にあったにもかかわらず、尼子側につき、また、再び大内側についたことを述べた。それは、尼子側からの見返りの領地が少なかったことに加えて、尼子氏が毛利家の家督問題に口出ししてきたことも、元就の不興を買った。尼子氏は、元就ではなく、ひそかに元就の異母弟の相合元綱《あいおうもとつな》を毛利家の当主にしようと動いていたのである。

重臣たちの議論の結果、「尼子一族を受け入れれば、毛利家は乗っ取られたも同然」という意見もあり、元就が後継者に決まると、元綱らは謀反を計画。元就は、その動きを察して元綱を殺し、支持した家臣たちも粛清している。

自身が家督を継ぐことに静かな闘志を燃やしながらも、元就からそれを口に出すことはなかった。あくまでも推挙されることにこだわったようだ。

なぜか。それは、晴れて当主になったときにきちんと、自分の命令に従わせるためである。求められてリーダーを引き受けるのだから、やりたいようにやらせてもらう――。何とも冷静な元就らしい、事前の準備。幼少期に家臣に裏切られた教訓を、元就はここでもしっかりと生かしていた。

元就が書面を重視したのは、このときだけではない。元就は約束事をするとき、「書違《かきちがえ》」という2通で1セットの誓約書を交わすようにしていた。力がモノをいう戦国時代においては異例のことである。

だが、元就にとっては、それは逆だった。誰も信用できない戦国時代だからこそ、元就は約束事を大切にした。書面で残すことで、責任が明確になる。現代のビジネスにおいても、結局は残された書面が最終的には効いてくる。

元就は「文書に残す」ことの意義をよく理解する、稀有《けう》な戦国大名だった。

スローガンで皆の心をまとめた

元就は20歳の初陣以来、多くの戦いで勝利を飾る。だが、決して好戦的だったわけではない。同格の相手に対しては、むやみに攻め入らず、話し合いで解決しようとした。

なるべく敵対関係を持たないのは、ビジネスの世界でも基本だろう。それでいて、勝負しなければならないときは、必ず勝つ。その点でも、元就は勝負の勘所は逃さなかった。

1529（享禄《きょうろく》2）年、安芸石見国人領主《あきいわみこくじんりょうしゅ》連合を率いる高橋氏を滅ぼすと、安芸から石見にかけての広大な領土を獲得。毛利家の勢力を一挙に拡大させた元就は、近隣の国人領主とも婚姻関係を結び、安芸国人領主のなかで、リーダー的な存在となる。現代のビジネスでいえば、企業の規模が急成長した時期だといってよいだろう。

さらに、1540（天文9）年から翌年にかけては、尼子氏と吉田郡山城の戦いを繰り広げた。

このとき、元就の本拠地、吉田郡山城は、尼子詮久《あまごあきひさ》が率いる3万の軍に包囲されてしまう。城にいる兵はわずか、3000人足らず。それでも元就は慌てることなく、尼子側の様子を探らせた。常にその動きを把握しながら、敵陣への奇襲や焼き討ちを展開。戦の主導権を握り、籠城戦に打ち勝っている。

強大な尼子氏に勝てたのは、元就の掲げたスローガンが、皆を勇気づけたからだともいわれている。元就は、郡山城の拡張工事をする際に、「百万一心《ひゃくまんいっしん》」という言葉を刻んだ石を埋めさせていた。言葉の意味は次のようなものだ。

「時を同じくして、力を同じくして、心を同じくすれば、何事もなしうる」

籠城戦では、兵士の他、農民や商人、女性や子どもが8000人以上いた。元就の言葉どおり、皆が一丸となったことも勝利の要因となったようだ。これ以降、尼子氏とのパワーバランスは変わり、元就はその名を周辺諸国に知らしめることになる。

常に長期的な視点で勢力を拡大した元就。1550（天文19）年には、井上元兼《もとかね》とその一族を殺害している。そう、幼き頃に自分を裏切り、「乞食若殿」へと追いやった井上一族への恨みをきっちりと晴らしたのだ。

元就は、この直後に、家臣団に対して毛利家への忠誠を誓わせる起請文《きしょうもん》に署名させている。そんなことをしなくとも、十分にメッセージとして伝わっている気もするが、あくまでも文書にこだわる男、それが元就である。ただ、このときも、井上一族を根絶やしにしたわけではなく、忠義を尽くしてくれた者の命は助けている。

恩も恨みも忘れない――。元就のそんなスタンスによって、チームの結束力がより高まったことはいうまでもないだろう。

一大コンツェルンを築いた

成功した事業をどう後継者に受け継いでいくか。戦国時代においても、現代の企業にとっても、事業継承はリーダーの頭を悩ませる。

元就の場合は3人の息子がいた。有名な「3本の矢」の話にも登場するが、それはこんなエピソードだ。

元就が自らの死期を悟ったとき、3人の息子、隆元《たかもと》・元春《もとはる》・隆景《たかかげ》を枕元に呼び、3本の矢を示しながら、元就は、こう言ったとされている。

「1本ではたやすく折れる矢も、3本に束ねると折れない」

だからこそ、兄弟3人で仲良くしなさい、というメッセージだが、このエピソードは作り話だとすぐわかる。

なぜなら、長男の隆元は、父の元就よりも前に死亡している。父の臨終に居合わせているはずがない。また、次男の元春は出雲で尼子勝久《かつひさ》と戦争中であり、やはり父の臨終の場に立ち会うことはできなかったはずだ。

さらにいえば、当時の矢は、敵を確実に仕留めるために、太い篠竹《しのだけ》に火を通して硬度を高めたものだった。3本にまとめずとも、1本でも簡単には折れるものではなかった。

しかし、「3本の矢」の話がとるにとらない創作かといえば、そうではない。

元就は、74歳で没する14年前に、3人の息子に宛てて「三子訓戒状《さんしくんかいじょう》」を残している。そこには、兄弟3人が仲良くするようにと何度も繰り返し書く元就の姿があった。

「長男隆元は、弟元春、隆景が無理を言っても我慢せよ、元春、隆景は兄隆元に従うこと」

「3人の協力こそ、今は亡き生母妙玖《みょうきゅう》に対する最大の弔いである」

「3人の間に少しでも隔たりがあれば、必ずともに滅亡するものと思え」

まさに、3本の矢のエピソードで元就が伝えようとしたことを、より直接的な言葉で、元就は息子たちに伝えていたのである。

兄弟で仲良くすることを元就がここまで強調したのは、何も道徳的な理由からではなく、戦国大名として毛利家が生き抜くための戦略だった。織田信長は弟を殺し、上杉謙信は兄と争ったように、戦国時代においては、兄弟間でも反目しあうことが多かった。元就自身も、毛利家の覇権を握るために、腹違いの弟を殺している。

だからこそ、毛利家の発展のためには、子どもたちが皆仲良くすることが必要不可欠なため、元就はこれほどまでに力説したのである。

ファミリービジネスが多い現代日本の企業もまた、お家騒動で破滅に向かうケースが散見される。元就の戒めは、現代社会にも十分通じるものだろう。

特に、家族間でトラブルになるのが、事業継承の際だ。誰が事業を引き継ぐのか。家族経営から脱するにしても、後任者選びは、カリスマ性のあるリーダーのあとほど難しくなる。バトンを渡されるほうは、絶えず前任者と比べられてプレッシャーにさらされる覚悟をしなければならない。また「自分はいつ退くのか」という引退の時期についても、経営者は頭を悩まされるところだ。

その点、元就の決断は実に早かった。1546（天文15）年、49歳という年齢で早々と隠居を決めて、周囲を驚かせている。時期でいえば、尼子氏を撃退し、まさにこれからというときに、長男でまだ23歳の隆元に当主の座を譲った。

もちろん、早すぎる引退には、元就の深い狙いがあった。

自分に影響力があるうちに、長男に家督を譲りながら、次男は吉川《きっかわ》家、三男は小早川《こばやかわ》家へと、それぞれ他家に養子へ出した。そして、元就自身はその上のポジションに座ったのである。現代のビジネスでいう企業買収のようなことをやってのけ、毛利家は「毛利両川《もうりりょうせん》」と呼ばれる一大勢力へとさらなる成長を遂げていく。

「毛利コンツェルン」を築き上げて、会長の椅子に座った元就。隠居を機にさらに権勢をふるって、死ぬまで安定した組織づくりに尽力した。

戦国時代をビジネスの世界に置き換えたならば、毛利元就は随一の名経営者だったといってよいだろう。

今川家
ベンチャーに
追い込まれた名門企業

キーパーソン

▼今川義元（1519 ～ 1560）

駿河国生まれ。今川家は足利家から派生した名門。家督争いを経て当主に。家臣の太原雪斎の助けを得て三河へ進出。北条家や武田家、織田家とわたりあい、領土を広げることに成功する。軍制の効率化や人材改革、税制の整備などにより、領国経営の安定化を実現している。尾張にも勢力を伸ばそうとしていたが、桶狭間の地で織田信長に敗れて没した。

大勢力を誇った名家が一転して没落

日本の歴史をふり返ったときに、一際《ひときわ》、まばゆい光を放つのは、既成概念をぶち壊す革命児たちである。幕末においては、西郷隆盛、大久保利通、木戸孝允、坂本龍馬、勝海舟らが、その役目を担った。

戦国時代においては、誰だろうか。立身出世した豊臣秀吉の生き様も人々を勇気づけるが、革命児といえば、やはり織田信長だろう。

信長は、さまざまな常識を打ち破りながら、破竹の勢いで戦国の世を駆け抜けた。現代の会社にたとえるならば、急成長したベンチャー企業そのもの。ビジネスの世界でも、勢いのあるベンチャー企業の創業者は、風雲児としてもてはやされる。信長は個性ある戦国武将のなかでも、その人気ぶりは別格といっていい。

だが、光があたるところには、必ず影がある。信長が脚光を浴びるなかで、影となったのが、今川義元《いまがわよしもと》である。

信長の名を一躍有名にした「桶狭間《おけはざま》の戦い」。信長は、わずか3000の兵で、

2万5000もの兵力を誇る今川軍を破ったとされている。大番狂わせによって、信長への評価が高まるとともに、今川家の評価は地に落ちたといっていい。桶狭間の戦いでの敗北をきっかけに、今川家は転げ落ちるように没落していく。まさにストップ安。目も当てられない状況とはこのことだろう。

信長のようなぽっと出の大名に苦杯を喫したのは、さぞ屈辱だったに違いない。なにしろ、もともと今川家は、室町時代から戦国時代にかけて、実に230年にもわたって駿河《するが》を支配した名家中の名家である。室町幕府を開いた足利尊氏は、今川家について、こんなふうに書き残しているくらいだ。

「御所《ごしょ》（足利将軍家）が絶えなば吉良《きら》が継ぎ、吉良が絶えなば今川が継ぐ」

将軍家が絶えたならば吉良が、吉良が絶えたら今川家がその後を継ぐ——。

吉良については後述するが、将軍家に次いで権勢を誇るほど、今川家は強大だった。まさか滅びるなど、タイムスリップして当時の人々に教えたとしても、誰も信じてはくれないだろう。

今川家はまさに「ベンチャーに倒産に追い込まれた名門企業」だ。

だが、一方で、その統治法は、必ずしも悪手ばかりではない。むしろ、いち早くさまざまな改革に取り組んでさえいた。信長に大敗したイメージがあまりに強いために、何から何までダメ大名扱いされているのは、あまりフェアではないように思う。

語られることがほとんどない今川家の革新的な取り組みや、それにもかかわらず、滅びてしまった背景を探っていくことにしよう。

お家騒動防止マニュアルを作成した今川氏親

駿河、遠江《とおとうみ》と現在の静岡県一帯を支配下に置いて、戦国時代初期に最大勢力となった今川家。そのルーツは足利家にある。

足利氏の祖とされているのが、平安時代末期の武将、源義康《みなもとのよしやす》だ。その孫にあたる足利義氏《よしうじ》には、足利泰氏《やすうじ》という息子がおり、足利家を継ぐことになるのだが、実は、もう1人、息子がいた。庶長子《しょちょうし》、つまり、正妻ではない側室が生んだ、吉良長氏《ながうじ》（「おさうじ」という言い伝えもあり）である。これが先に、足利尊氏が「御所（足利将軍家）が絶えなば吉良が継ぎ」と言った「吉良」のことだ。

吉良長氏にも満氏《みつうじ》と国氏《くにうじ》という2人の息子がいた。この国氏が「今川」を称し、今川国氏

◎今川家家系図

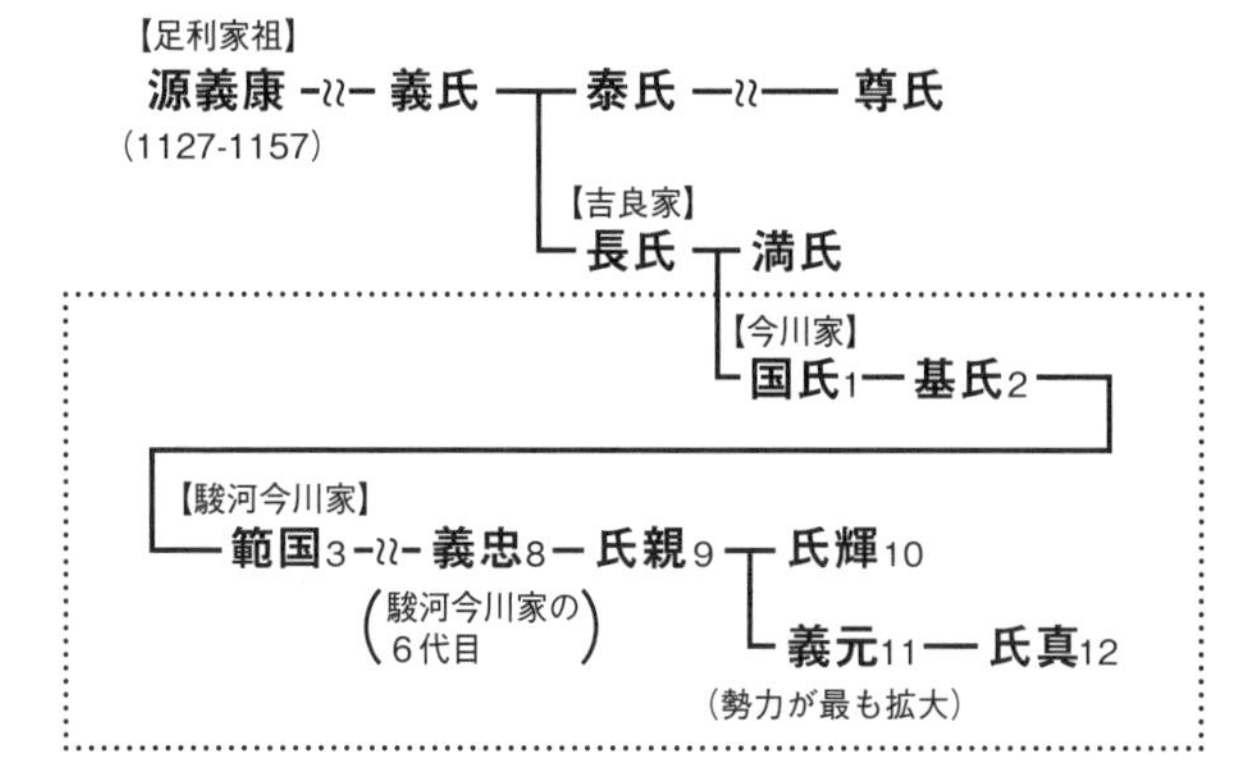

として、今川家の祖となる。国氏の息子、今川基氏《もとうじ》が後を継ぐと、今川家は遠江国を拠点として発展していく。

そして、基氏の五男にあたる今川範国《のりくに》が家督を継いで、駿河今川家の初代当主となる。範国は、室町幕府の引付頭人《ひきつけとうにん》（訴訟の担当者）などを務め、今川家は足利将軍家と密接な関係を築く。

強大な後ろ盾があれば、勢力を拡大しやすいのは、現代のビジネスにおいても同じだろう。そして、組織が大きくなり、力を持てば、内部での争いごとも起きやすくなることもまた、戦国時代もビジネスの世界も共通している。

駿河今川家の6代目にあたる今川義忠《よしただ》は、遠江国の制圧を目指して戦を繰り返すが、敵兵から奇襲を受けて40歳の若さで戦死してしまう。

今川家はどうも当主が、戦で奇襲を受けて命を落としやすい傾向にあるようだ。そして、後継者で揉めるところまでがセットになっている。

このときも、後継者となる嫡男の龍王丸《たつおうまる》がわずか5歳だった。当然、すぐに政務を行うことなどできない。血筋にこだわるか、実力を重視するか。後継ぎを巡って、今川家は混乱に陥る。

今川家の勢力は二分された。正統な後継者である龍王丸につく側と、義忠の従兄弟にあたる小鹿新五郎範満《おしかしんごろうのりみつ》につく側の二つである。「文明《ぶんめい》の内訌《ないこう》」(「内訌」は「うちわもめ」のこと)と呼ばれるこのお家騒動によって、龍王丸は暗殺される恐れすらあった。だが、叔父にあたる北条早雲が仲介に入ることで、ことなきを得ている。

紆余曲折があったものの、早雲が室町幕府第8代将軍の足利義政に働きかけたことで、龍王丸が家督を無事に継承。今川氏親《うじちか》として当主となり、早雲の協力を得ながら、父の悲願でもある遠江国の制圧を果たした。今川家を守護大名から戦国大名へと転身させたのも、氏親である。

やがて病に伏せた氏親が、真っ先に考えたことは、ただ一つだった。それは「いかにお家騒動が起きないようにするか」。氏親は晩婚だったから、息子の氏輝《うじてる》もまだ若かった。自分に降りかかった悲劇を息子には経験させたくない。氏親は「今川仮名目録《いまがわかなもくろく》」を作成して取り

◎今川義忠没後の家督争い

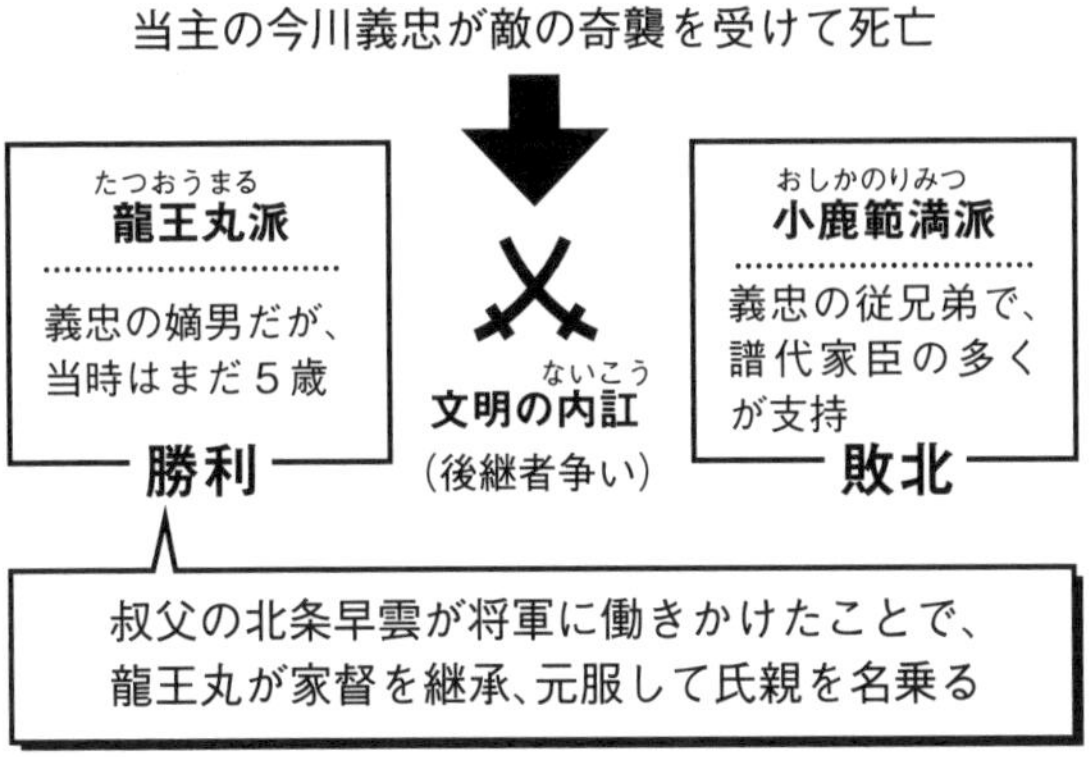
当主の今川義忠が敵の奇襲を受けて死亡
龍王丸《たつおうまる》派
義忠の嫡男だが、当時はまだ５歳
勝利
文明の内訌《ないこう》
（後継者争い）
小鹿範満《おしかのりみつ》派
義忠の従兄弟で、譜代家臣の多くが支持
敗北
叔父の北条早雲が将軍に働きかけたことで、龍王丸が家督を継承、元服して氏親を名乗る

決めを行った。目録の趣旨について、次のように書かれている。

「現代の人々は、悪賢くなって、思いもよらない紛争が起こり、その訴訟が今川氏の法廷に持ち込まれるので、あらかじめそれに対応して、公平な判決を下すことができる裁判規範として、この法典を制定しておくのである。該当する訴訟が持ち込まれたときには、この法典の条項に基づいて判決を下すように」

これは、従業員たちや取引先とのトラブルを未然に防ぐため、きちんとルールを決めて、契約を結ぶのとよく似ている。

自身がつらい目にあったことを忘れず、氏親が一歩進んだ取り組みを行っていたことは、リーダーとして評価すべきところだろう。

新しい人材登用と経済政策を行った今川氏輝

1526（大永10）年、「今川仮名目録」作成の翌々月、氏親は死没する。嫡男の氏輝が家督を継ぐことになった。

だが、氏輝は13歳とまだ若い。母の寿桂尼《じゅけいに》が政務を取り仕切ることになった。寿桂尼は、氏輝が15歳になるまでの2年間にわたって、「帰《とつぐ》」の印文のある自分の印を押した朱印状を発布している。寿桂尼はその働きぶりから「女戦国大名」ともいわれた。

そんな強烈な母親の印象が強すぎるからだろう。氏輝は今川家の当主として影がすこぶる薄い。公家や文化人との交流を好んだことからも、軟弱なリーダーとして扱われやすいようだ。そのうえ、23歳の若さで病死したため、「リーダーシップを発揮する間もなくこの世を去った」というのが一般的な氏輝の評価となっている。一見、マネジメント面で学ぶことは特になさそうである。

しかし、氏輝も当主として新たな取り組みを行っていた。そのうちの一つが「馬廻《うままわり》」という直轄軍の編成である。

氏輝についての史料は少なく、馬廻の実態は明らかになっていないが、『今川氏滅亡』を著した大石泰史は、氏輝がまだ不安定な領国の様子をふまえて対策を練ったのではないかとして、次のように分析している。

「当主として君臨しようとする氏輝が、城主クラスの子弟らを馬廻に任ずることで家中の結束を固めた。こうしたことは考えられないだろうか」

若き氏輝ならば、「女戦国大名」と畏怖された寿桂尼よりも、家臣たちとの距離感も近かったことだろう。若社長が新たな人材を発掘するがごとく、氏輝も意欲ある人材を馬廻として活躍させていたとしても不思議ではない。

また、氏輝は経済政策にも着手しており、1カ月に3日間、「三度市」という市を開催。商人たちが集まりやすいようにするなど、経済の活性化にも腐心していた。

さらに、1534（天文3）年と1535（天文4）年にかけては、甲斐国の武田軍と合戦を行い、その翌年には、甲斐国へ侵攻。軍事面でも活躍している。猛烈な母親の勢いに押されながらも、24年という短い生涯のなかで、リーダーとしての役割を氏輝なりに果たそうとしていたのではないだろうか。

1536（天文5）年、氏輝は小田原の北条家を訪問して、歌会に参加。小田原に1カ月ほど滞在していたが、帰国直後に突然死している。毒殺や自殺が疑われるほど、その死は唐突なものだったが、ふり返っている暇などない。新社長のもと、新たな体制作りを急がなければ、周辺の勢力が舌なめずりをしながら、襲いかかって来るからだ。

どんな組織でも、リーダーが変われば、方向性や雰囲気が変わる。今川家はさらなる変貌を遂げていく。

巨大勢力と手を組んで発展させた今川義元

氏輝の後を継いだのは、氏輝の弟にあたる義元である。

「今川家」といえば、この今川義元を指すことがほとんどだ。ミスター今川家。会社の看板ともいえる存在感を放つのは、それだけ勢力を拡大したからだ。義元は、それまでの領国だった駿河と遠江だけではなく、三河《みかわ》まで進出。3カ国を支配して、「海道一《かいどういち》の弓取《ゆみと》り」とも称された。

一方で、義元は、今川家を滅亡させた戦犯の1人として挙げられることもまた多い。だが、義元が無能だったかといえば、組織のマネジメントの面からもそうとは言い切れなさそうだ。

義元は家督継承にあたって、庶兄《しょけい》である花蔵殿《はなぐらどの》と「花蔵の乱」に勝利。その勝利の裏には、義元を3歳のときから教育する軍師、雪斎《せっさい》の存在があった。

義元が当主になってからも、雪斎はそばで支え続けた。1548（天文17）年の三河の小豆坂《あずきざか》合戦では、織田信秀の軍を撃破するという活躍を見せている。ちなみに、この勝利によって、三河松平氏を隷属させ、今川家は竹千代を人質として預かることになる（正確には、竹千代は一時期、織田家のもとへ送られるが、今川勢が安祥城《あんじょうじょう》を落とすと、同城を守る織田信秀《のぶひで》の子、信広《のぶひろ》を捕らえて、その人質交換として、竹千代は今川家へ送られる）。この竹千代がのちの徳川家康で、その教育係も雪斎が務めた。

氏親には北条早雲、氏輝には寿桂尼と、その都度、強大なサポートが欠かせなかったように、義元には雪斎という頼れる右腕がいた。組織のリーダーには、名補佐役が欠かせないことがよくわかるだろう。

それと同時に、いくら有能な右腕がいたとしても、それを生かすか殺すかもまたリーダーの手腕にかかっている。義元は、花蔵の乱に勝利したあと、「家中《かちゅう》」、つまり、家臣団を削減して再編させ、雪斎とのラインを強化している。人材の適正に応じた組織の改編もまた新リーダーが担う大きな役割だが、義元はそれをきちんと果たしていた。

また、内政については、父の氏親が制定した「今川仮名目録」を改訂して「仮名目録追加」を定めた。さらに、検地によって領内・家臣の実態把握に乗り出している。

さらに、義元は対外的にも大きな仕事をした。それは、武田信玄・北条氏康・今川義元の3者の合意のもとに結ばれた「甲相駿《こうそうすん》三国同盟」の締結だ。1552（天文21）年には今川と武田、1553（天文22）年には武田と北条、1554（天文23）年には北条と今川の婚姻が成立し、同盟が完成することになった。

だが、それはただラッキーで転がってきたわけではない。義元は当主になって早々に、実に大胆な行動に出ている。自分が家督を継承するのに協力をしてくれた北条家と距離を置き、武田家に急接近したのである。

当然、北条家との関係性は悪くなるが、地理的条件を考えると、守りを固めるために、背に腹は変えられない。そうして武田家との関係性を強化することで、結果的には、武田家とも北条家とも同盟を結ぶことができた。

現代のビジネスでいえば、以前からある大きな取引先をいったん見直すことで、新たな取引先との可能性を模索することができ、最終的には、従来の取引先との関係性も以前とは違

義元は武田、北条との同盟締結に成功。東からの攻撃を心配する必要がなくなり、西の織田との戦いに集中できるようになった

うかたちで構築したといえよう。

「馬にも乗れない武将」

尾張に攻め入ったとき、義元が馬ではなく輿《こし》に乗っていたことから、そんなふうに揶揄《やゆ》されることもあるが、義元は、足利将軍家から塗輿《ぬりごし》に乗ってよいと許可されていたにすぎない。何かと侮られやすい義元だが、「社内外のパワーバランスを考慮して、事前に手を打つ名経営者」としての顔も持ち合わせていた。

衰退期に領民と向きあった今川氏真

強大な勢力を誇った今川家にとって、最大

の誤算。それが、桶狭間の戦いによる敗北だった。上洛を果たすべく、義元が尾張に入って、桶狭間の地で休憩していたところに、信長の軍が襲いかかってきた。

それもただの敗北ではない。圧倒的に兵力で勝っていたにもかかわらず、当主である義元が討ち取られてしまったのである。三国同盟を結んだ翌年に、雪斎が死去していたのも痛手だったことだろう。

義元亡きあと、家督は嫡男である今川氏真《うじざね》が継ぐことになった。だが、当主が亡くなった直後は、その隙を突こうと、周囲の勢力も動きが活発になるのが常である。徳川家康はいちはやく今川家を離れ、また、遠江国内においても、挙兵が相次いで混乱に陥った。

なんとか国内の反乱を食い止めた氏真は、国の立て直しに着手した。1566(永禄9)年から1568(永禄11)年にかけては、百姓たちの訴えに応じて、徳政令を発布。借金を帳消しにしている。「井伊谷《いいのや》徳政」と呼ばれている政策だが、会社の経営にたとえれば、従業員がどんどん辞め始めそうだから、慌てて給料を上げるようなものかもしれない。それでも、やらないよりはもちろん、やったほうがよいに決まっている。

また、同じく1566(永禄9)年、氏真は毎月6回の市を「楽市」として商人の税を優遇。さらに、同年、遠江国の棚草郷《たなくさごう》の用水問題にも着手して、村民たちから感謝されている。

矢継ぎ早に行われた国内政策から、氏真の焦りがよく伝わって来る。今川家の結末を知っている私たちからすれば、悪あがきにしか見えないが、当時を生きた氏真からすれば、父亡きあとに、なんとか再び今川家を盛り返そうと必死になっていたのだろう。

それでも、努力がすべて報われるほど、戦国時代もビジネスも甘くはない。今度は武田家が駿河に攻め込んでくる。

武田家とは同盟を結んでいたはずだったが、氏真は密かに信玄と対立する上杉謙信と交信し始めていた。情報網を張り巡らせている信玄が、そのことを知らないわけがない。かえって弱体化が始まった今川家を攻撃する理由ができて、好都合だったことだろう。

武田家の侵攻を受けた氏真は、遠江国の掛川城《かけがわじょう》へ逃げ込んだが、今度は家康が攻撃を仕掛けてくる。弱り目に祟り目。全く戦国時代は容赦ないのである。氏真は降伏して掛川城を開城。そして家康の庇護に入り、戦国大名としての今川家は事実上、滅亡することになった。

織田家というベンチャー企業に敗れてからは急転して、衰退の一途《いっと》をたどった今川家。信玄による駿河侵攻、家康による遠江侵攻、そして、遠江国衆たちの反乱の三連コンボでノックダウンといったところだろう。

氏真は、いわば老舗の大企業を倒産させたダメ経営者ともいうべき存在だ。ドラマでも散々な描かれ方をされることが多く、とにかく蹴鞠《けまり》ばかりにうつつを抜かすキャラ設定が目立つ。

だが、実際の氏真は、領民の不満や要望に向き合い、一つひとつ、地道に解決しようとしていた。また、掛川城を明け渡す際には、家臣の助命を引き換えにしている。有事でなければ、心優しきリーダーとして、皆に慕われた可能性も高い。

氏真は、優秀なリーダーとまではいえなかったかもしれない。だが、信玄や信長、家康と、強大なリーダーに囲まれるなかで、明らかに衰退していく組織を任された点は、やや情状酌量の余地があるように思うが、いかがだろうか。

そういいながらも、筆者も、現代の会社に置き換えたときに「株式会社 今川家」に勤めたいかといえば、「最盛期だったら……」としか言いようがなく、もし、桶狭間の戦いに敗戦したあとならば、氏真社長を置いて、さっさと退社してしまうだろう。

方法論はともかく、リーダーはやはり結果にこだわらなければならない。今川家の末路と後世の辛辣な評価から、そのことを再認識させられるのだった。

北条家
従業員ファーストの大手企業

キーパーソン

▼北条氏康（1515 ～ 1571）

相模国生まれ。20 代半ばで家督を継ぐ。上杉憲政らを関東から追い払い、領土を拡大。武田信玄・今川義元と同盟を結ぶと、関東北部や房総半島の攻略に力を入れた。息子氏政に早くから家督を譲り、10 年以上にわたる共同統治を実施。この間に領域内の支城網を整備し、関東における北条の支配体制を堅固なものにした。

戦国時代と並走した名家

戦国時代は世襲であり、代々受け継いでいく難しさは、同族企業の継承の困難さとよく似ている。

「同族企業は、3代目で会社が潰れる」とはよく言ったもので、2代目までは、創業者の背中を見ており、事業を立ち上げて軌道に乗せる苦労も肌で感じているが、3代目はそれを知らないがゆえに、往々にして会社を低迷させ、最悪の場合は倒産させてしまう。

3代目が経営を引き継ぐ頃には、創業時にうまくいっていたビジネスが通用しなくなるのも、うまくいかない原因の一つだ。創業者の精神を引き継ぎながらも、やり方は時代に応じて変化させなければならない。ましてや、3代目以降の難しさは言うまでもない。

北条家《ほうじょうけ》は「北条5代」と称されるように、5代で滅びることになった。

創業者は、北条早雲《そううん》である。

早雲は、一介の素浪人《すろうにん》から戦国大名になったといわれていたが、実はエリートだったこと

◎北条五代

伊勢宗瑞 (1456-1519)	駿河に進出して今川家の家督争いを仲裁。その功績から領地を得たのち、伊豆を統治
氏綱 (1487-1541)	苗字を北条に変更。鶴岡八幡宮の再建などを通じ、関東に地盤を固める
氏康 (1515-1571)	武田や上杉、今川と渡り合いながら版図をさらに拡大し、税制改革にも着手
氏政 (1538-1590)	氏康とともに領国経営を行い、氏康死後も存在感を発揮。版図は過去最大となる
氏直 (1562-1591)	秀吉に対して融和的だったために命は助けられ、秀吉配下大名家として存続した

が最近の研究でわかっている。

後述するが、早雲が戦国大名になったことが、戦国時代の始まりとされている。

そこから、2代目の氏綱《うじつな》、3代目の氏康《うじやす》と代を重ねるごとに領地を広げていった。しかし、4代目の氏政《うじまさ》を経て、5代目の氏直《うじなお》のときに、北条家は豊臣家によって滅ぼされてしまう。そして、秀吉は北条家を討つことで全国統一を果たした。つまり、戦国時代の歴史は、そのまま北条家の歴史ということができるだろう。

代を重ねながら、順調に領地を拡大した北条家。本城の周りに多くの支城を築き、連携を密にしながら、他の戦国大名を圧倒し続けた。それでいて、領民を大切にした老舗大手のホワイト企業、それが北条家である。

そんな優良企業を滅ぼしてしまったのが5代目の氏直だが、実権は父の氏政が握っていたため、倒産、いや、滅亡の責任はもっぱら氏政のせいにされることが多い。

氏政は、父の氏康が名君とされたこともあり、一般的に評価は低く、暗君とさえいわれる。実際はそれほどダメなリーダーだったのだろうか。

5代にわたる北条家に仕えた家臣になったつもりで、その歩みをみていこう。

流行病にもクイックに対応

北条家の創業者、北条早雲は自身で「北条」を称したことはない。「伊勢宗瑞《いせそうずい》」が正式な名で「伊勢」から「北条」へと名字が改められるのは、息子の氏綱のときである。ここでは、混乱を避けるために、北条早雲で統一することにしよう。

早雲の父は盛定《もりさだ》。現在の岡山県井原市にあたる備中《びっちゅう》荏原《えばら》荘を所領とした。早雲は少年時代をそこで過ごしたことになる。

父の盛定は、室町幕府第8代将軍の義政の申次衆《もうしつぎしゅう》を務めていた。申次衆というのは、いわ

◎北条早雲（伊勢宗瑞）経歴地図

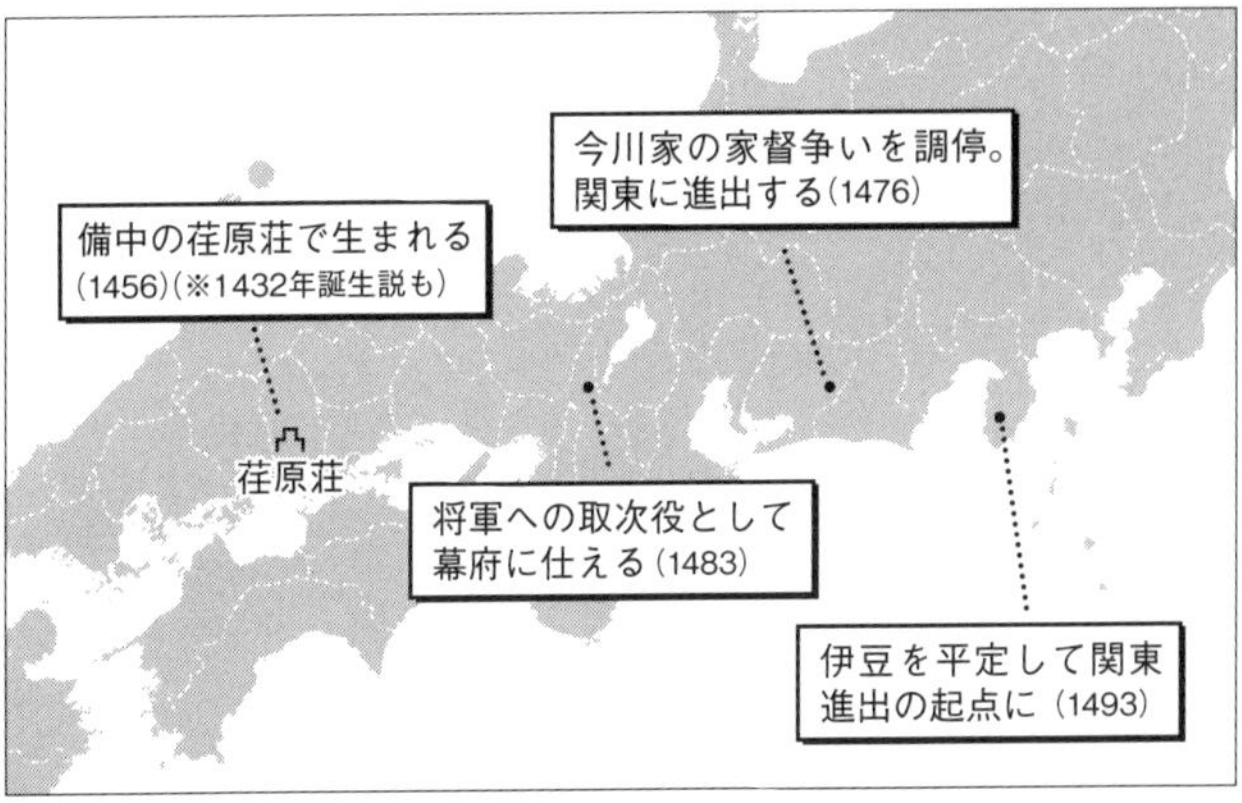
今川家の家督争いを調停。
関東に進出する（1476）
備中の荏原荘で生まれる
（1456）（※1432年誕生説も）
荏原荘
将軍への取次役として
幕府に仕える（1483）
伊豆を平定して関東
進出の起点に（1493）

ば、将軍へ取り次ぐ役のこと。早雲もまた27歳のときに、9代将軍の義尚《よしひさ》のもとで、父と同じく申次を務めている。親子で室町幕府の政務に携わった、エリート中のエリートだった。

その前半生については謎の部分が多く、諸説があるが、早雲は若くして応仁の乱に巻き込まれた。当初、足利義視《よしみ》方についていた早雲だが、形勢不利になると、自分の所領を従兄弟に売り払い、姉が嫁いでいた今川氏を頼って、駿河へ旅立つ。甥にあたる龍王丸《たつおうまる》に、今川家の家督を継承させるため、一念発起したのである。人生を賭けて挑戦したといっていい。

早雲は一派の兵を率いて挙兵。1476（文明8）年から今川氏の当主の座に就いていた小《お》鹿範満《しかのりみつ》を倒すことに成功する。

この龍王丸が元服して今川氏親《うじちか》と名乗ると、早雲は氏親の後見人となり、恩賞として富士下方十二郷を与えられ、興国寺城《こうこくじじょう》の当主となったとされている（興福寺城は領地外だったという説もある）。今川を頼って駿河へと下るという大きな決断が、北条家の未来を拓《ひら》いたばかりか、戦国時代の扉をも開くことになった。

早雲は、伊豆を平定したことをきっかけに、今川家中から自立。戦国大名へと転化していく。

伊豆を治めるにあたって、早雲がまず行ったのが、減税政策である。

早雲は、これまで五公五民だった年貢を四公六民に引き下げた。そうして人心を掌握し「主君のためなら命を投げ出してもよい」と思わせることで、農民を本格的に兵として動員していくのが、早雲のやり方だった。

早雲は進軍した先でも、このようなお触れを出した。

「進軍地域内の侍、百姓らは、皆わが軍として扱う。生命、財産を保証するから、すみやかに生業に復帰せよ」

これを見て、山中に避難していた侍や百姓が戻ってくると、早雲は身分を確認したうえで「安堵状《あんどじょう》」を発行。その所在地を保証するという方法で、さらに自分たちの味方を増やしていった。

さらに、早雲は伊豆で広がっていた「風病」という流行病に対しても、迅速な対応を行っている。駿府や京都からすぐに薬を取り寄せて、治療にあたらせたのだ。

当時の交通事情や医療制度を考えれば、大英断の末の行動だった。事実、他国の人間はこう羨んだという。

「あわれ、われらが国も新九郎殿の国にならばや」

新九郎殿とは、早雲のこと。まさに会社でいうならば、他社の社員が羨ましがるような、ホワイトな労働環境づくりを、早雲は行ったのである。

その後も関東で戦を繰り広げ、相模《さがみ》も領有。多くの国衆と主従関係を結ぶなかで、早雲は「頼りがいがある人」と評されているが、それも納得である。揉め事によって訴訟が起きると、自ら駆け付けて裁いたというから、正義感が強く、それゆえに慕われたのだろう。

63歳で病死するまで早雲が領土拡大に挑み続けたのは「理想の国を作りたい」という熱い思いがあったからこそ。5代にわたって続く北条家の基盤が、創業者である早雲のときに築かれる。

心構えからマナー作法まで事細かに

行動の大胆さと果敢に戦をしたことから、早雲には豪胆なイメージがつきやすいが、中身はいたってマジメな人間だった。

早雲は21か条の戒めを掲げており、その内容からカタブツぶりが伝わってくる。

戒めは、第一条の「仏神を信じなさい」から始まり、早寝早起きや読書、礼儀や慎み深くあることや素直さの大切さが説かれ、質素でいることや身だしなみをきちんとすることなど、とにかく人としてかくあるべし、という真っ当な項目が並んでいる。

主君との付き合い方も、細やかである。談笑を禁じて「命令があれば、まず返事をしてから近くによって話をすべきだ」としている。まるでマナー講師のようだ。

また、出勤時の注意として「いきなり主君の前に顔を出さないほうがよい」とある。まずは同僚の様子をみて、何か不測の事態が起きていないかを把握してから、主君の前に顔を出せというのだ。なんて慎重なのだろうか。

さらには、勤務の間には乗馬の稽古をしろだの、友人は選べだの、外壁や垣根を修理し

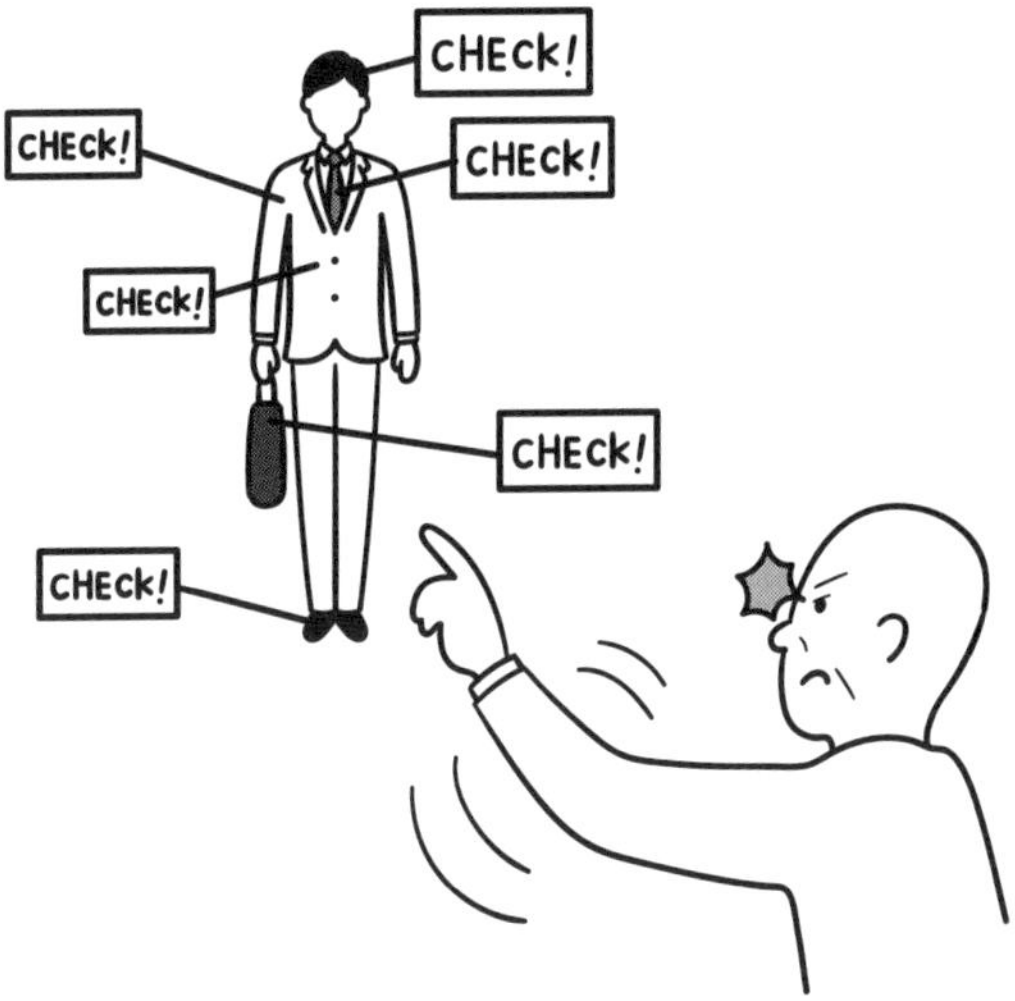

早雲は21の家訓を残し、家臣が気を引き締めるよう注意を促した

ろだの、生活全般の注意にも及んでいる。立派ではあるが、ちょっと息苦しさも感じる。

早雲が病死すると、32歳でトップとなったのが、2代目の氏綱である。氏綱は姓を「北条」に改め、本拠は小田原へと移した。

早雲による領国経営の方針を引き継ぎながら、関東に地盤をしっかり築いたのは、さすが2代目である。創業者から直々に薫陶を受けているのは大きい。

だが、氏綱は病に襲われて、54歳で命を落とす。鎌倉鶴岡八幡宮《つるがおかはちまんぐう》の再建という大事業を終えて、わずか半年後のことだった。急変する我が身に最期が近いと感じ取ったのか、死の数日前に出家。そして、まだ26歳と若い後継ぎの氏康のことを心配して、次のような主旨の5か条を残している。

「一、大将によらず、諸将までも義を専らに守るべし。義に違《たが》いては、たとえ一国二国を切り取っても、のちに恥辱を受けるであろう」

「一、侍から百姓に至るまで、すべての人が不便なきようにすること。捨ててもよいような人はいない」

「一、侍は矯《おご》らずへつらわず、その身の分限を守るのをよしとする」

「一、万事倹約を守るべし」

「一、勝ってかぶとの緒《お》を締めよ、という古語を忘れべからず」

早雲の理念をしっかり受け継いでいることがわかる遺訓である。義を重んじた氏綱は、次のような言葉も残している。

「義を守りての滅亡と、義を捨てての栄華とは天地格別である」

勝つことがすべてとされがちな戦国時代において「義がなければ栄華を誇ってもしかたが

なく、義を守っての滅亡のほうがよい」とは、なかなか言えまい。

リーダーは人格者たれ。そんな氏綱のもとでも、北条家のホワイトな理念は守られていた。

臆病な3代目が大変身

多くのオーナー企業で問題となるのが、次の3代目である。

幸いなことに、氏康が生まれたときに、創業者の早雲はまだ健在で、当主の座についていた。また、2代目の氏綱もしっかりその理念を受け継ぎ、死の間際に我が子への遺訓としてまとめている。その思いは、氏康に伝わったのだろうか。

氏康の幼少期のことは、よくわかっていない。ただ、かなり臆病だったようで、武芸の稽古におびえては、家臣たちから不安がられていたようだ。このあたりは、いかにも軟弱な3代目らしい。

だが、氏康の場合は教育係に恵まれた。早雲の重臣も務めた清水吉政《しみずよしまさ》である。清水は氏康をこうフォローした。

「臆病を自覚している者は本当の臆病者ではない。それこそが大将の器である」

臆病であるということは、それだけ慎重だということ――。

清水にかけてもらった言葉を、氏康はずっと覚えていたのだろう。

初陣では、攻めるときはみんなで協力して攻め込み、引くときも一気に引いて、相手を揺さぶった。攻め込み過ぎず、守り過ぎない。この作戦は、よほど慎重な性格でないと、失敗してしまう。自身の小心さを生かした戦いぶりだった。

それでいて、氏康は戦のセオリーをあえて外すことも、初陣でやってのけている。いつもは矢戦から始まるため、当然、相手もそのつもりでいた。だが、氏康は矢戦を省いて、いきなり襲いかかることで、戦のイニシアチブを握っている。

しばしば、慎重さと消極さは混合されるが、慎重に考えた結果、大胆な行動に出たほうが安全だということは、ビジネスにおいても往々としてある。氏康はそのあたりの勝負度胸もあったといっていいだろう。

初陣を勝利で飾ってからは、父とともに関東各地で合戦をともにした。人格者たる氏綱は、息子を特別扱いすることはなかったに違いない。それがまた息子のためにもなると考えるような性格である。

コンプレックスを武器にしているうちは、たとえ結果が出ていても、人間としては未熟だ。武芸にも励み、いつしか、「武芸に長けていないがゆえに慎重な大将」から「武芸に長けているにもかかわらず、慎重な大将」へと成長していく。

父の病死によって、3代目の当主についた氏康。

生涯で36回の戦に挑み、決して敵に背中を見せることはなかったという。氏康が統治した18年間で、北条家は関東で大幅に勢力地図を広げることに成功している。

領民目線で税制や訴訟制度もしっかりと

氏康は、父の「侍から百姓に至るまで、すべての人が不便なきようにすること」を実践して、減税政策にも取り組んでいる。畑地に課せられる「諸公事《しょくじ》」をすべて廃止したのである。農民はもちろん喜んだが、国の財政に余裕があるわけではない。膨大する戦費でむしろ財政は苦しかった。

そこで氏康は、諸公事を廃止する一方で、畑地の貫高《かんだか》に応じて相当の懸銭《かけぜに》を負担させた。

懸銭は、畑の貫高、つまり収穫高の6％に相当する税金のことで、氏康が新設したものである。これまでは、代官が自由に領民に税金をかけて自分の懐に入れてきた。そんな理不尽なシステムを改革したのだ。結果的には、領民の負担を減らしながらも税収は上がり、財政を立て直すことに成功したのである。

また氏康は、領民でトラブルになったときのために、「評定衆《ひょうじょうしゅう》」という評定制度を創設した。訴えが起きると、その相手から事情を徴収。証拠や証文などを提出させて、場合によっては尋問も行いながら、評定会議にかけるという司法制度を整備した。

評定衆は月2回の開催を原則としたが、必要に応じては臨時開催も行った。出席者は、重臣や有力国衆で、農民や職人も訴訟を起こせるように、氏康は目安箱《めやすばこ》を設置。実際に、訴訟は武士階級だけではなく、僧侶や寺社関係者、職人、商人、農民にまで幅広い層から起きている。領民のガス抜きをするための見かけ倒しの取り組みではなく、本気で領民たちの意見を吸い上げようとしている、リーダーの姿勢が見て取れるではないか。

関東の覇者として勢力を拡大しながら、内政の地盤をしっかりと固めた氏康。ホワイト企業としてさらに成熟したといってよい。

理念さえ継承されれば、3代目で滅びるどころか隆盛を極める。氏康の働きぶりは、そのことを教えてくれているようだ。

会長と社長の二頭体制

父が名君であればあるほど、後を継ぐものへのプレッシャーは大きくなる。代を重ねるごとに勢力を伸ばした北条家の跡取りとなると、なおさらである。

氏康はそのあたりのこともきちんと配慮していた。継承をスムーズにするため、44歳と早めに家督を息子の氏政に譲っている。

しかも、辞める理由は「飢饉と疫病に有効な対策を打てなかったから」としているところが、なんとも責任感の強い氏康らしい。氏康は少しずつ無理のないかたちで、氏政への家督継承を慎重に進めた。

北条家滅亡の責任を背負わされているがゆえに、氏政の評判はあまりいいものとはいえない。だが、リーダーとして実はやるべきことはやっていた。

氏政が就任早々に行ったことは、徳政令の発布である。借金をすべて帳消しにすれば、売りに出された妻子や下人《げにん》（従者）は農村に帰ることができる。飢饉で荒廃した農村を立て直すことを第一として、思い切った政策に出た。

もちろん、氏政の政策の裏には、常に父の考えがあった。リーダーが変わって方針ががらりと変わると混乱するのは、会社でも同じだ。領民ファーストの経営方針が堅持されると知って、皆はさぞほっとしたに違いない。この2人体制は「小田原二御屋形《におやかた》」と呼ばれている。会社でいうところの社長と会長のような関係が続いたことになる。

もちろん、氏政が政策に関与していなかったわけではない。氏康と氏政の間には、文書発給において、必ず情報を共有するという取り決めがなされていた。しかしながら、会長の立場である氏康からすれば「この件に関しては、自分の判断だけでよいだろう」と往々にして思いがちである。実際に、そうしたすれ違いがあったようで、1569（永禄12）年5月19日付の氏政から氏康に宛てられた文書では、「取り決めどおりに文書を発給するように」という注意がなされている。

同じく、父と子の2人で政務にあたった例として、浅井長政《あざいながまさ》と父の久政《ひさまさ》の関係が挙げられ

◎氏康・氏政時代の関東

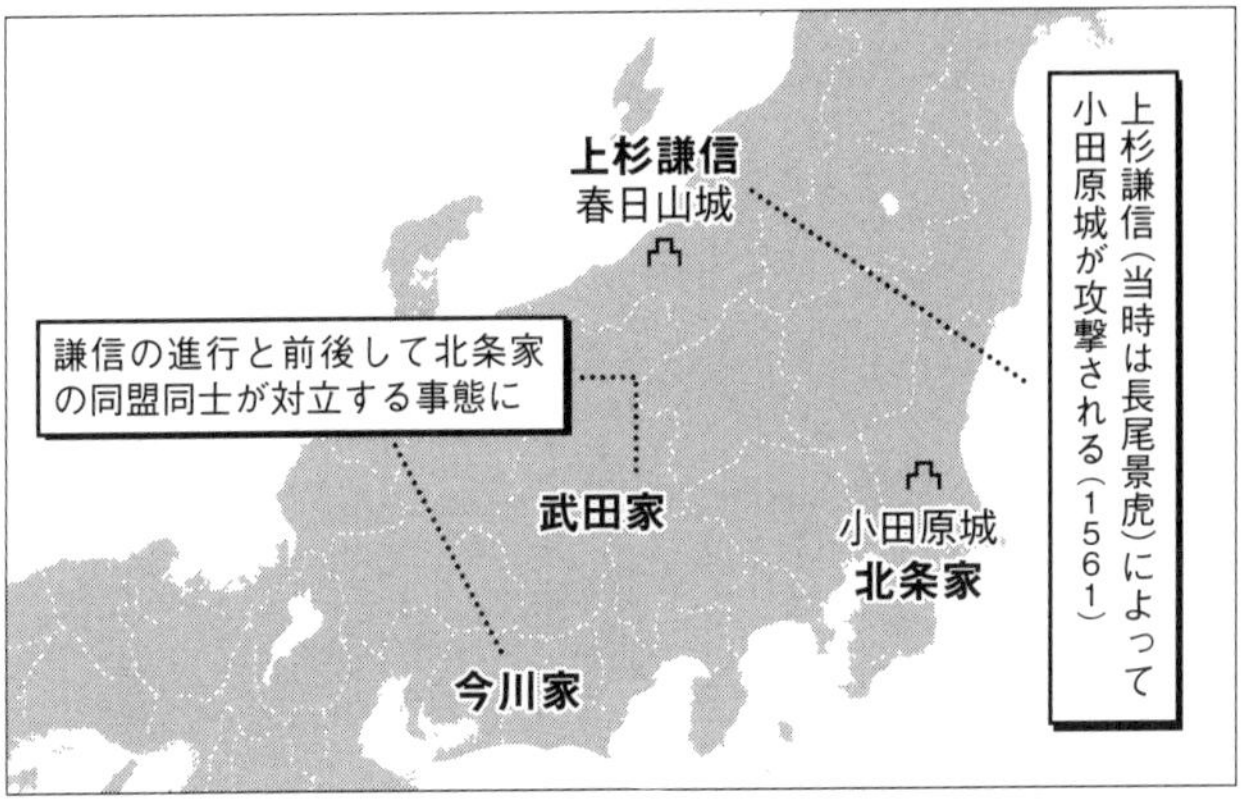

る。2人については、作家の松本清張がこう喝破している。

「社長職を譲られた息子が義理堅く〝父親〟を立てるため、社長をリタイアした会長が、会社の営業方針にいちいち口を出す」

氏政と氏康もヘタすれば、そのような状態に陥っていたことだろう。その点では、北条家のほうが、浅井家よりうまく機能していた。

会長と社長で言うことが異なれば、当然、現場が混乱する。氏政が情報共有にこだわって、父にきちんと進言しているのは、マネジメントとしてかなり重要なことだといえるだろう。

また外交面でも、「小田原二御屋形」の体制できっちりと対応がなされている。

1561（永禄4）年には、上杉謙信の侵攻を受けて、歴史上初めて小田原城への攻撃を許している。なんとか謙信の猛攻をしのぐものの、今度は武田氏と今川氏という、北条家にとっては同盟国同士が争う、頭の痛い事態となった。そのとき、武田を捨てて今川につくという判断を下している。

氏康の死によって、氏政が単独政権を築いたのは、33歳のときのことだ。実に家督継承から、12年の月日が経っていた。準備は万全である。

引き継ぎ期間で父とともに、有力大名としのぎを削った氏政。1人になっても、その手腕を発揮した。外交面では、状況が二転三転する展開のなかで、父が結んだ上杉との越相《えっそう》同盟を破棄。武田との甲相《こうそう》同盟の復活という大転換を図って、関東での存在感を強めていった。

武田家が滅び、織田家のもとにつくことが決まると、氏政はまだ42歳だったにもかかわらず、家督を息子の氏直に継承した。氏直の従属を示す見返りとして、信長の娘である慈眼院《じげんいん》を正室に迎えることで合意したのである。結局、「本能寺の変」により計画は実現せず、氏直は家康の娘・督姫《とくひめ》を正室に迎えることになるが、もちろん、そんな未来が待っているとは知る由もない。信長との関係強化のための世代交代であり、実権はその後も氏政が握ることになった。

そして氏政の治世のもと、北条家両国の最大版図が形成されることになる。全盛期を築いたにもかかわらず、リーダーとしての資質を問われるならば、氏政としても黙ってはいられないだろう。

氏政は、名君の父亡きあと、十分に君主としての責任を果たしたといえそうだ。

あえて滅亡の道へと

だが、氏政には「暗君」というイメージがどうしてもつきまとう。

その理由は二つある。

一つは、汁かけメシのエピソードだ。

氏康と氏政が小田原城内で一緒に食事をしていると、氏政が汁をかけてはメシを食べ、汁がなくなると、またメシに汁をかけるということを繰り返していた。その様子を見た氏康はこう嘆いたという。

「飯にかける汁の量も量れんとは、当家は自分の代で終わりか」

メシの食べ方など人それぞれである。氏康とてこんなことで我が子を見限ることもなかろう。これは、氏政がダメ息子だったという印象を与えるために、江戸時代前期に作られた創作であることがわかっている。

なぜ、作り話を流布させてまで、氏政にことさら低評価を下すのか。

それがもう一つの理由でもあり、いくら隠居したとはいえ、影響力の強い氏政の判断ミスで、北条は滅ぼされたと考えられているからだ。

北条を滅ぼしたのは豊臣秀吉だ。

何度要請しても、上洛しない北条にしびれを切らし、ついに秀吉が兵を差し向けた。その合戦で大敗を喫して、北条家は滅亡することになる。

もし氏政が意地を張らずに、秀吉の命令に従っていたならば、滅亡しなかったかもしれない。会社でいえば、倒産を逃れるための唯一の手段を、なぜとらなかったのだろうか。

これについては誤解があり、氏政は秀吉に従おうとしていた。1589（天正17）年7月14日付の手紙では、弟の氏邦《うじくに》にこう伝えている。

「自分一人が上洛すれば済むことなので、多くの軍勢は必要ない。遅れることはできないので、今から準備を進める」

むしろ、秀吉に失礼がないように早めに上洛のための準備をしようとしていた。

だが、ここで、北条家に引き渡す予定でありながら、真田家で留保となっていた名胡桃《なぐるみ》城《じょう》において、内紛が起きる。北条家家臣の猪俣邦憲《いのまたくにのり》が占領してしまったため、ややこしい事態となった。

秀吉は、自分の承認なしに他領土へ出兵することを禁じていたため、この事件に激怒。真田昌幸に書状を送って「たとえ北条家が出仕したとしても、城を乗っ取った者を処罰するまでは北条家を赦免しない」とした。一方の北条家からすれば、「名胡桃城は真田氏から引き渡されて北条側となっている城なので、そもそも奪う必要もない」という認識で、秀吉の考えとは隔たりが見られた。

また、氏政の上洛はもともと12月上旬に予定されていたが、秀吉のほうは1カ月早く上洛すると認識していたようで、11月4日に秀吉は「今月中に氏政が上洛しなければ、来月20日にお触れを出す」としていた。名胡桃城の事件とともに、連絡ミスによる誤解が重なってしまったのだ。

結果的に、氏政が明らかに勝ち目のない戦いに挑んだ格好になり、北条家は滅亡した。だが、仮に、秀吉のもとへ抜かりなく上洛を果たしたとしても、北条家の現状がそのまま保たれることは、常識的に考えて難しかっただろう。

もし、処遇が悪くなれば、ブラック企業さながらに、下で働く者たちを苦しめることになったかもしれない。もしかしたら、勝ち目のない戦へと突入するなか、氏政には、代々語り継がれた理念が頭によぎったのではないだろうか。

「義を守りての滅亡と、義を捨てての栄華とは天地格別である」

ブラック企業として生き残るくらいならば、ホワイト企業のまま滅びゆくほうがよい――。上洛の遅れについては伝達のミスがあったものの、最終的に氏政が選んだのは、いわばそんな道だった。秀吉との戦いで滅亡して自害したのは、数多《あまた》いる戦国武将のなかで、北条氏政、ただ1人であった。

初代の早雲から氏綱へと家督が引き継がれたとき、北条家ではある印判が登場する。その印判には次のように刻まれていた。

「祿壽應穩《ろくじゅおうおん》」

「祿（財産）」と「壽（生命）」は、應《まさ》に穩《おだ》やかなるべし――。北条家は領民の財産と生命を守るという固い決意が、このスローガンには込められている。

北条家は、5代にわたって創業者の理念が引き継がれた、従業員思いのホワイト企業だった。

真田家
すき間産業で生き抜いた中小企業

キーパーソン

▼真田昌幸（1547 ～ 1611）

信濃国生まれ。武田信玄に仕えて頭角を現す。武田氏滅亡後は北条や徳川ら大勢力の圧力を受けつつも、機敏に立ち回って領地を守ろうとした。徳川軍とは居城の上田城で２度にわたって衝突し、２度とも勝利を収めている。豊臣配下の大名となって所領は安堵されたが、関ヶ原の戦いで西軍にくみしたことで高野山に流され、この地で最期を迎えた。

「大手か中小か」の永遠の問い

就職先を選ぶ際の大きなポイントの一つとして、会社の規模が挙げられる。

大手には大手の、中小には中小のいいところがあるが、どうせ働くならば、大手企業に入社してみたいという人がまだまだ多いことだろう。不景気の昨今ならば、なおのこと、大樹の下で安心したいという気持ちはよく理解できる。

だが、戦国時代に負けないほど、先が見えない今だからこそ、あえて中小企業を選択する道もある。日本の企業のうち、中小企業が占める割合は、実に99・7％に上る。まさに、日本のモノづくりは、中小企業が支えているといってよいだろう。

「鶏口《けいこう》となるも牛後《ぎゅうご》となるなかれ」

『史記《しき》』蘇秦伝《そしんでん》にもそう記載されているように、大手で歯車の一部になるくらいならば、中小企業で頭角を現したほうが、よほど価値のある経験ができる。もちろん、それは楽な生き方ではない。しかし、刺激に溢《あふ》れたけもの道で手に入れたものは、のちの人生で血となり、肉となるであろう。

信濃国《しなののくに》・真田《さなだ》の里が発祥の地である真田家は、現在のビジネスにあてはめれば、まさに中小企業に位置づけられることになる。

常に巨大な勢力に挟まれながら、綱渡りで生きてきた真田家。寡兵《かへい》でもって大軍と対決しなくてはならない彼らだったが、巧みな戦術によって幾度の危機も乗り越えてきた。

大手メーカーの間で翻弄されながらも、高い技術力を武器に、淘汰されることなく生き残った中小企業——それが、真田家である。

普通に戦えば、中小企業は大手企業にはかなわない。

ならば、いかにして、自分たちの組織の強みを生かすのか。

大手との戦いにおいて、状況を整えることの重要性など、真田家の生き残り戦術から、現代のビジネスパーソンが学ぶことは多い。

親会社で鍛えられて子会社の社長に

真田家は、信濃国小県郡《ちいさがたぐん》における小領主で、真田幸綱《ゆきつな》の代から、強大な武田家に従属していた。といっても、自治権は保持しており、武田家から内政干渉を受けることはなかった。真田家のように、地元に基盤を持つ地方領主のことを「国衆《くにしゅう》」と呼ぶ。戦国大名と国衆の関係は、ちょうど親会社と子会社の関係のようなものだ。国衆は有力な戦国大名に守られている反面、ひとたび戦が起きれば、参陣を求められることになる。

現代のビジネスでいえば、中小企業にあたる真田家は、バックアップしてもらう親会社をその都度、選択しながら、権勢を誇る大手企業を相手にしなければならなかったのだ。

親会社に自分の息子を送り込んだのは、真田幸綱である。幸綱は、弱冠6歳の息子、真田源五郎を甲府の武田家に差し出した。この真田源五郎が、のちの真田昌幸《まさゆき》である。

真田幸綱、真田昌幸、そして、真田幸村《ゆきむら》の三代をもって「真田三代」とされることが多い。3人のなかでも知名度が高いのが、真田幸村であり、江戸時代においても人気が高く、庶民に愛され続けた。実名は「信繁《のぶしげ》」なので、本書では以後、「真田信繁」で統一しよう。

昌幸は武田家の近習《きんじゅう》として信玄に仕え、14歳のときには、合戦で本陣を守るという任務を任せられている。信玄から「わが目のごとし」と言われるほど成長した昌幸。親会社にみっちりと鍛えられた有望株といったところだろう。

もともとは人質として来た昌幸だったが、信玄はこれからの武田家を支える一人とまで考

◎信濃国の各郡

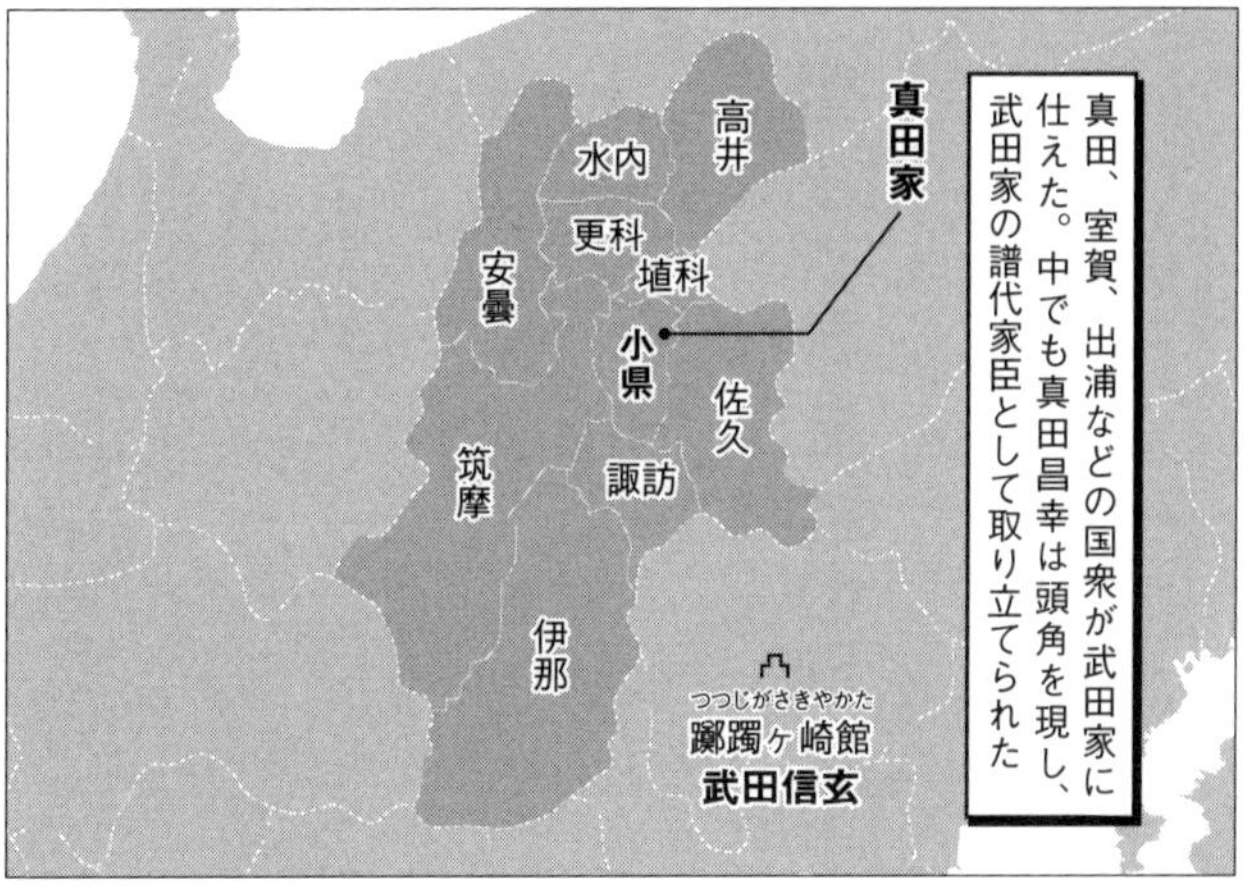

えていた。信玄の側でその軍配をつぶさに見聞きしたことは、後の真田家としての戦に大いに活かされることとなる。

武田家の譜代《ふだい》家臣にまで出世した昌幸は、父と兄が亡くなったため、1575（天正《てんしょう》3）年に家督を相続する。28歳のときのことだ。それまで武田家にとって真田家は外様《とざま》にすぎなかったが、譜代家臣である昌幸が真田家の家督を継ぐことで、真田家そのものが外様から譜代家臣へと異例の格上げがなされた。

武田家の家老として、信玄亡きあとは、武田勝頼《かつより》に仕えた昌幸。親会社の社長交代は、当然、子会社にも影響を及ぼす。

新社長がリーダーシップをPRするため

に、取引先の見直しや組織改編を行うことも珍しくはないが、親会社の大きな変化にも、昌幸はスムーズに対応した格好となった。

昌幸は引き続き、武田家の期待に応えるべく、1580（天正8）年には沼田城《ぬまたじょう》を攻略。その戦いぶりは、武田家でも注目を集めることになる。

親会社から信頼を勝ち取った子会社の社長のもとであれば、従業員も働きやすかったに違いない。

中小企業においては、トップ自らが現場で汗をかくことが求められる。名だたる戦国武将のもとで出世する昌幸の姿は、現場の人間にとっても大いに力になったことだろう。

相次ぐ親会社の倒産！　次はどこにつく？

だが、順風満帆に見えた昌幸に大きな試練が待ち受けていた。

親会社の倒産。つまり、武田家の滅亡である。1582（天正10）年の正月、織田信長の軍勢が信濃に侵攻。信長の嫡男である信忠《のぶただ》が織田軍を指揮し、次々と城を落としていく。

◎信長に攻められる武田家

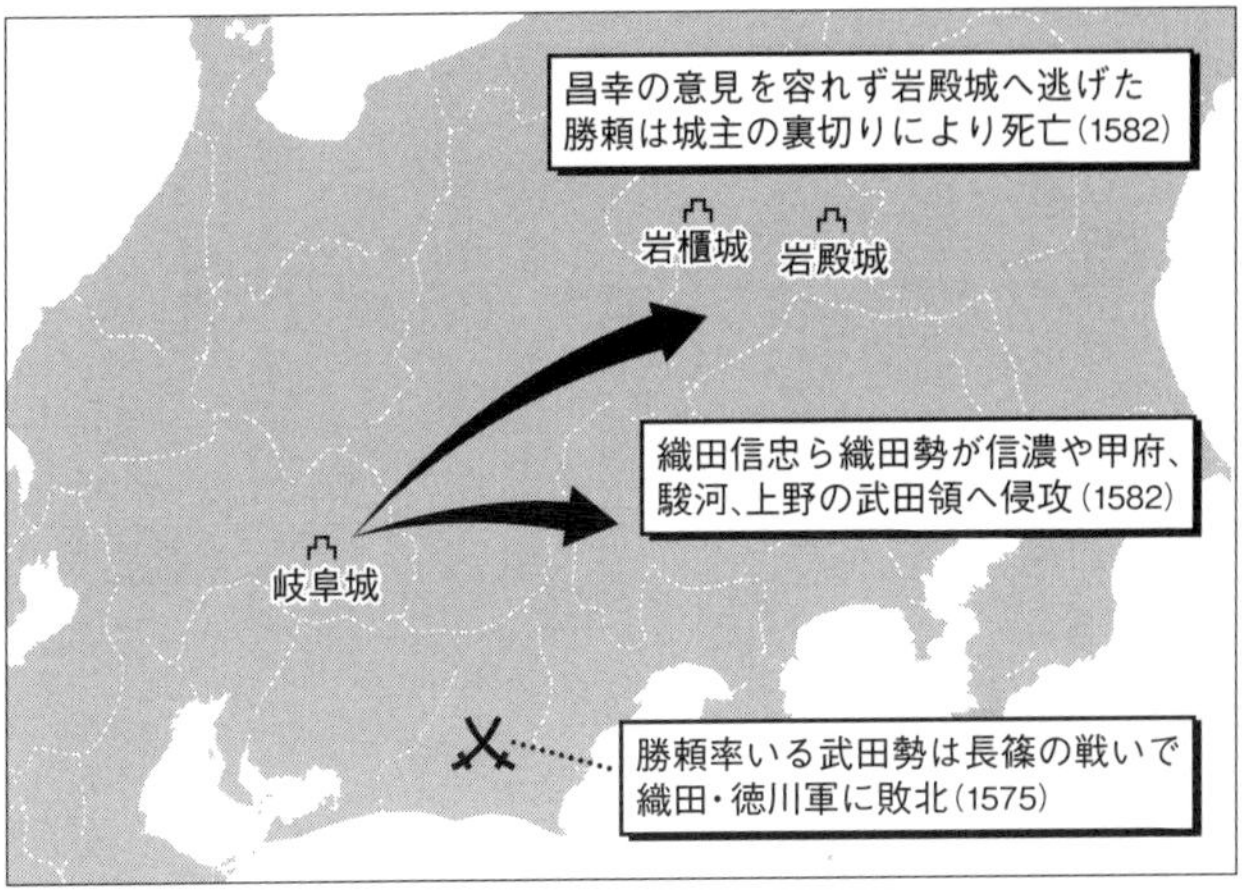
昌幸の意見を容れず岩殿城へ逃げた
勝頼は城主の裏切りにより死亡(1582)
岩櫃城
岩殿城
織田信忠ら織田勢が信濃や甲府、
駿河、上野の武田領へ侵攻(1582)
岐阜城
勝頼率いる武田勢は長篠の戦いで
織田・徳川軍に敗北(1575)

武田軍は、甲斐に攻め入られて織田軍に滅ぼされるのを、ただ待つだけとなった。絶体絶命のピンチに、昌幸は居城である岩《いわ》櫃城《びつじょう》への避難を勝頼に提案している。岩櫃城を攻めるには、標高８０２メートルの岩壁を登らなければならない。

「鉄壁の守りともいえる岩櫃城が籠城するのにふさわしいだろう」

昌幸はそう考えた。

また地理的に上杉家からの援助も受けやすい。信玄から仕込まれた地の利を生かした戦術を、息子の勝頼のために発揮しようと考えたのである。

だが、勝頼はいったんその案を受け入れるものの、結局は実行に移さなかった。

いくら昌幸が優秀でも、武田家からみれば、所詮は子会社の社長。いつ裏切るかもわからない。周囲からの反対にも遭い、勝頼は岩櫃城ではなく、岩殿城《いわどのじょう》への退避を選択する。信玄ほど勝頼は、昌幸のことを信じ切れていなかったのだろう。

ところが、これが完全に裏目に出る。岩殿城を持つ小山田信茂《おやまだのぶしげ》が、まさかの謀反《むほん》を起こしたのだ。信じる相手を間違えた勝頼は、自害へと追い込まれることになる。

昌幸からすれば「せっかくアドバイスしたのに……」とやるせない気持ちになったことだろう。ピンチなときほど、リーダーの一つひとつの決断が命取りになる。それは、ビジネスの世界でも全く同じで、一つの間違えた決断から、一気に経営状況が悪化することは珍しいことではない。

その点、昌幸の決断は、時勢を的確にとらえて、かつ、スピードも速かった。

武田家が滅亡するとみるや、いったんは北条家に接近するも、周囲の情勢を見て、織田信長への従属を決意。信長に、黒葦毛《くろあしげ》の馬を贈って喜ばせている。信長が信濃と上野の支配を滝川一益《たきがわかずます》に任せると、昌幸は母と次男を人質として、滝川のもとに送った。

ところが、戦国の世が移りゆくスピードは、昌幸の即断即決をもってしても対応できないほど速い。

武田家の滅亡から3カ月後、本能寺の変によって、信長と信忠は自死。信長亡きあとの織田家は、カリスマ経営者を失ったベンチャー企業のようなもの。勢いを失うことは、誰の目にも明らかである。

真田家による、武田家に代わる親会社探しは、ここですべて振り出しに戻ってしまった。本能寺の変のあと、甲斐・信濃の武田遺領《いりょう》を巡る、天正壬午《てんしょうじんご》の乱が発生。いよいよ混沌とした状況になるなか、昌幸は新たに印文「道」の朱印を使用し始める。

国衆が朱印を使うことは従属する戦国大名から禁じられていたが、昌幸はそれを破って、足場を固め始めたのだ。どんな事態に陥っても、次善策《じぜんさく》を練るのを諦めない。それが、昌幸だった。

そして、昌幸はいったん上杉家につくものの、北条家が信濃佐久郡《さくぐん》に軍勢を向けると、今度は北条家に鞍替えする。上杉家からすればたまったものではない。上杉景勝《かげかつ》は、昌幸を謀反人と認定するが、昌幸は生き残るためには、裏切りもいとわない。真田は上杉の代わりに北条氏直《うじなお》の庇護を受けることになる。

目まぐるしく変わる親会社。

子会社としても混乱の極みに陥ってもおかしくはないが、リーダーがその都度、主体的に判断を下しているために、下で働く者も覚悟を決めやすかったのではないか。

昌幸への評価が高かったことは、他国の動きを見てもよくわかる。甲斐・信濃において、北条氏の勢いが増すと、徳川家が真田家を味方に引き入れようと動き始める。

真田家を味方にしたい家康は、甲斐2000貫文の所領を提示。さらに、上野《こうずけ》の支配を任せる意向まで示した。厚遇である。断る理由はなかった。

こうして昌幸は中小企業でありながら、いや、中小企業だからこそ、大会社の間をうまくわたり歩き、キャスティングボートを握ることができたのである。

安定ではなく、やりがい――。

そんな志望動機を持つ若者ならば、真田家はぴったりの就職先だった。

大手の合併にも城を守り切る

小さい組織の強みを存分に生かして、うまく立ち回った昌幸。だが、予期せぬ展開に頭を悩ませることになる。激しく覇権争いをしていた北条氏直《うじなお》と徳川家康が和睦、つまり、手を結んだのである。

昌幸が率いる真田家の存在価値は、他の強大な大名が対立しているなかでこそ、発揮される。大手同士に提携されてしまうと、中小企業の言い分など、まるで通らなくなる。

実際、和睦の内容は、真田家にとって看過できないものだった。

甲斐・信濃は徳川領、上野は北条領と決められ、北条は信濃・甲斐から撤退する代わりに、沼田・岩櫃《いわびつ》領を割愛してもらう――そんなことが一方的に決められてしまった。沼田・岩櫃は真田の領域である。それにもかかわらず、自分たちに従属しているという理由だけで、徳川が勝手に北条に与えてしまったのである。

もちろん、真田家としては、受け入れることはできない。和睦の真っ最中に、真田勢は上《こう》野国《ずけのくに》にある北条方の津久田城《つくだじょう》を攻撃するが、大手の力は強大である。撃退されただけではなく、逆に反撃されて、森下の地で真田勢は討ち取られてしまう。

「水に落ちた犬を打つ」のが、戦国時代でもビジネスの世界でも鉄則である。相手が自分より弱くても、情け容赦などもちろんしない。勢いに乗る北条方は、目的である沼田城を一気に取りにかかってくる。

北条が沼田城にこだわったのには、理由がある。

沼田は、新潟、長野の両方から関東へと至る要衝であり、軍事上の重要拠点だった。北条だけではない。武田、北条、上杉、そして真田と、この沼田城を巡って争っている。

このとき総力戦で挑んできた北条に対して、真田は二度も沼田城を守り抜くことに成功。防御戦における強さは、真田が名将と評されるゆえんである。

絶えず大きな勢力からの脅威にさらされながら、生き残りをかけた選択を何度も迫られた昌幸。裏表のある昌幸のことをのちに、豊臣秀吉は「表ひょう裏り比ひ興きょうの者」と評している。「比興」は現代の「卑怯」とニュアンスが異なり、「くわせもの」「老獪」といった意味である。

油断ならない人物と警戒されるくらいでないと、とても乗り切ることはできなかっただろう。

親会社に資本を出させて居城をつくる

北条から沼田城を守ると、今度は、真田が本拠とする小県郡において、国衆が蜂起するという出来事が起きるが、昌幸はこれを鎮圧して平定している。

昌幸は徳川家康を丸め込んで城を築かせ、自身の拠点とした。これが上田城で、真田家はこの城を舞台に徳川軍を２度破っている

真田の勢力拡大に、上杉景勝が警戒し始めたとき、昌幸は家康にある進言をしたようだ。それは、上杉家の攻撃に備えて、小県郡《ちいさがたぐん》に新たな城を築くというもの。家康はこれを受け入れて、真田領内に、徳川家の城を築くことを命じた。

これが「上田城《うえだじょう》」の誕生となる。

家康からすれば、沼田城を北条に渡すことを決めた負い目もあったのかもしれない。だが、昌幸はこれ幸いと、沼田城を明け渡すこともなく、さらに、作ってもらった上田城も自分の居城としてしまう。家康からすれば、費用だけもたされて、真田家のために城をつくってあげたようなものである。

しかも、危機にさらされる上杉景勝が、上田城の築城をただ黙って見ているわけがない。上杉は、上田城を見下ろす位置となる虚空蔵山城《こくぞうさんじょう》に兵を集めて攻撃の準備をしていた。総攻撃は実行されなかったものの、真田家同様に、徳川家も危機にさらされることになる。徳川家はとことん真田家に利用されることとなった。

中小企業は大手に比べて、圧倒的にリソースが足りない。金も人材も基本的には不足しているのが常だ。だからこそ、頭を使わなければならない。

当然、家康との関係は悪化することになるが、そうなれば、今度は上杉家につくだけのこと。中小企業ならではのフットワークの軽さを生かして、大企業を手玉にとる。そんな痛快さが、昌幸にはあった。

実際に、この上田城を巡って、真田は徳川と二度にわたって戦《いくさ》を繰り広げている。一度目は第一次上田合戦《かっせん》であり、1585（天正13）年に、7000もの徳川軍の兵が上田城を取り囲んだ。一方、上田城に籠城する真田軍はたったの2000人と3分の1以下の兵力である。

誰もが上田城の撃破を予想したが、結果は予想外のものだった。

真田軍が40人程度の死者数だった一方で、徳川軍が1300人もの死者を出して、大敗を喫したのである。その情報はたちまち各地を駆け巡り、真田家の存在感をアピールすることとなった。その後、真田家は豊臣家へと接近を図ることになる。

昨今は、この第一次上田合戦が、真田昌幸の息子、真田信繁の初陣だったのではないかという説もある。もし、そうだとすると、極めて重要な徳川家との対決を初陣で経験していることになり、のちの戦における信繁の冷静さも説明がつきそうだ。

そして、上田城を巡る二度目の戦い、第二次上田合戦は、1600（慶長5）年、そう、関ヶ原の戦いのときに起きた。合戦に向かう徳川秀忠《ひでただ》は3万8000もの兵で、たった3000人の兵で上田城に籠城する真田昌幸と、その息子の真田信繁に迫った。このとき、昌幸と信繁は、全国の戦国大名が徳川か豊臣かで分かれるなか、豊臣家についていた。

あまりに兵力に差があったからか、秀忠は、事前に降伏するように通知さえしている。だが、昌幸と信繁はそれを拒否。それればかりか宣戦布告をするという強硬さを見せた。それだけ、上田城の防備には自信を持っていたのだろう。

メンツをつぶされた徳川家は怒りに震えた。もはや過去の敗戦など、頭にはない。大組織とは、常に相手を見くびりがちだからだ。家康軍は総攻撃を仕掛ける。身の程を知れ、といわんばかりに。

だが、真田勢は再び見事に返り討ちにしている。徳川からすれば、自分たちが作った城を落とすために、兵力は圧倒的に有利ななかで、二度も敗北を喫したことになる。

第二次上田合戦の勝因については、諸説あるが、真田軍が、神川《かんがわ》の上流をあらかじめ塞《せ》き止めて水をためておいて、それを一気に押し流したから、ともいわれている。

地の利を生かす。つまり、自分たちが置かれた状況をフルに活用する。これもまた、弱者が強者に勝つために、欠かせない戦術だ。

ちなみに、この上田城を舞台に、昌幸の暗殺が企てられたこともあった。昌幸が、北条との約束である沼田城の引き渡しを拒んだため、家康が計画したものだ。暗殺という手段を取らざるを得ないほど、昌幸が家康の説得をはねつけ続けたからだ。昌幸は、自身の暗殺計画を事前に察知。家康から暗殺を命じられた信濃国小県郡の国衆の室《むろ》賀《が》正武《まさたけ》を返り討ちにしている。こんなこともあろうかと、昌幸は室賀家中にスパイを多数送っていたのだ。情報戦の勝利である。

小さな組織ほどトップが変わったときの影響は大きい。

このとき、昌幸が暗殺されていれば、状況は激変していただろう。情報戦を制して、昌幸は自身の身を守ったが、それは組織自体を守ることにもなった。

２人の息子をそれぞれの親会社に

ジャイアント・キリング——。

スポーツの世界での番狂わせはそう呼ばれる。

弱いチームが強いチームを倒すさまは見ていて痛快である。真田家が今でも人気がある証拠だろう。弱者が勝ち続けるのは容易なことではないが、真田昌幸は中小企業のリーダーの鏡ともいうべき、組織運営をしてきたといえそうだ。

だが、中小企業においての大きな課題は、他にもある。

それは「事業継承」。つまり、誰がリーダーのあとを継ぐか。

リーダーが優秀であればあるほど、その問題は難しいものになる。もっとも、戦国大名の場合は例外なく世襲であるため、組織の大小にかかわらず、後継者にバトンをいかに渡すかは悩ましい問題となる。

真田家の場合は、どうだったたか。

昌幸には、２人の息子がいた。長男の信幸《のぶゆき》と次男の信繁である。

長男の真田信幸は、父と同様に、武田家で人質として過ごした。父の暗殺を謀った室賀正武を返り討ちにする際にも、信幸は活躍。また、同年には、北条氏邦《うじくに》の奇襲を察知して撃退している。

さらに、第一次上田合戦では、徳川軍をいったん奥地に引き寄せてから、側面から攻撃して撃退するなど、父・昌幸の戦い方をしっかりと継承しているといえるだろう。

その能力の高さは、敵だった家康さえも高く評価していた。沼田領の引き渡しを巡って、徳川家と真田家は対立関係にあったが、和睦成立後、家康は、重臣の本多忠勝《ほんだただかつ》の長女・小松《こまつ》姫《ひめ》を養女に迎えて、信幸と婚姻関係を結ばせている。

一方、真田昌幸の次男で、信幸の弟にあたるのが、真田信繁である。

後世では「真田幸村」の名で広く知られているが、史料的な裏付けは乏しい。信繁は、前述したように、武田氏が滅亡すると、新たに従属した滝川一益のもとに人質として引き渡されている。

名リーダーを父に持つ後継者候補は、幼少期や青年期にいかに苦労を経験するかで、その組織の運命は変わる。蝶よ花よと甘やかされて育てられれば、あとで組織の下で働く者も、また、後を継ぐ本人自身も苦しむことになる。多くの一族企業が「3代目でつぶれる」とい

◎真田家分岐点

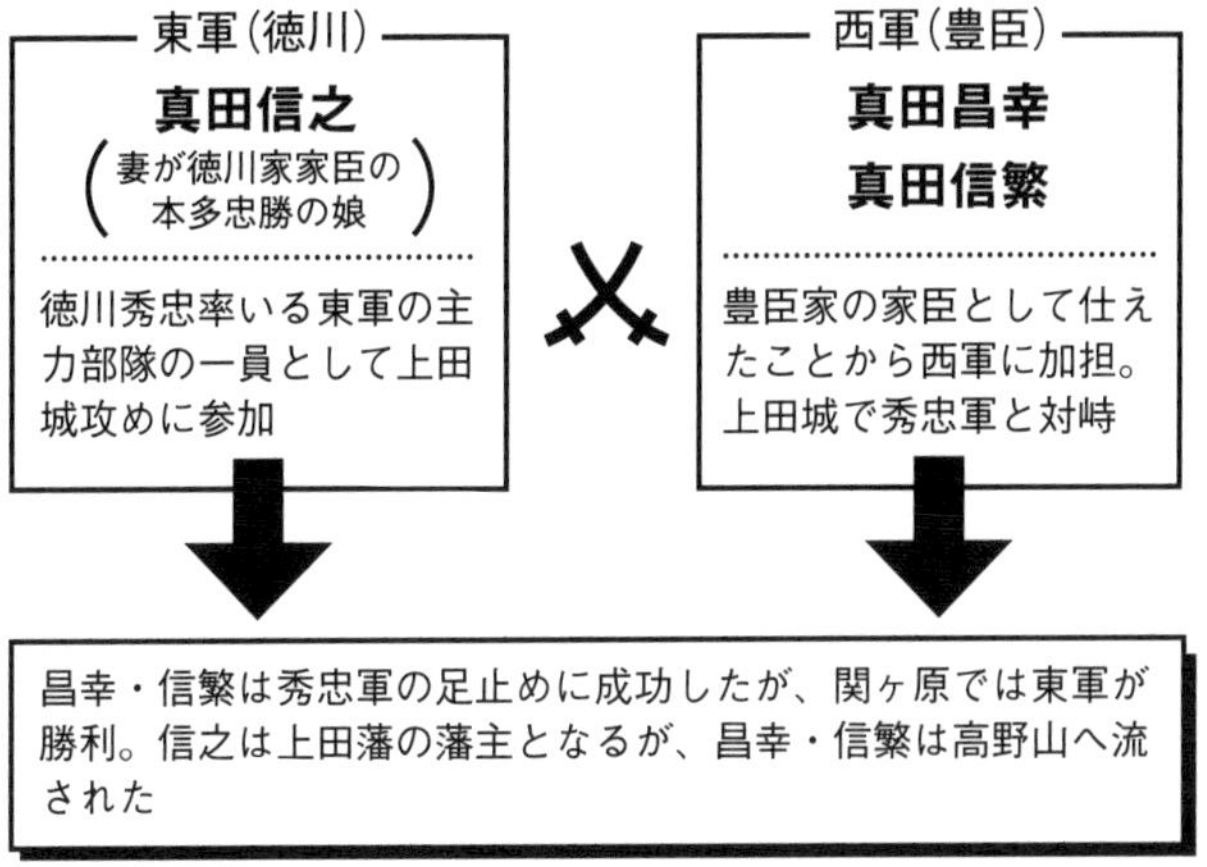
東軍（徳川）
真田信之
（妻が徳川家家臣の本多忠勝の娘）
徳川秀忠率いる東軍の主力部隊の一員として上田城攻めに参加
西軍（豊臣）
真田昌幸
真田信繁
豊臣家の家臣として仕えたことから西軍に加担。上田城で秀忠軍と対峙
昌幸・信繁は秀忠軍の足止めに成功したが、関ヶ原では東軍が勝利。信之は上田藩の藩主となるが、昌幸・信繁は高野山へ流された

われるゆえんである。

その点、信繁もまた兄と同様に、有力戦国大名の庇護を受けながら、生き延びていかねばならない過酷な運命を、幼少期から体験していた。

時勢によって、従属する戦国大名を変えた真田昌幸。豊臣秀吉が台頭すると、豊臣家に従属し、戦国大名として認められた。信繁は人質として大坂に移って、のちに豊臣家臣の大谷吉継《おおたによしつぐ》の娘、竹林院《ちくりんいん》を正妻に迎えている。

2人の息子のうち、長男の信幸は徳川家、次男の信繁は豊臣家と、関係を強化することになった真田家。関ヶ原の合戦が起きて、豊臣家と徳川家が対決することになると、昌幸と信繁は豊臣家に、長男の信幸は徳川家へとつく。

天下分け目の大決戦で、各家どちらにつくか迫られるなか、真田家はどちらが勝っても存続するという策をとれたのだ。

信幸は家臣を二つに分けて、こう言ったとされている。

「家を分けることが結局は家の存続につながることになろう。これも一つの方法である」

真田親子は、徳川家康と合流を目指して宇都宮に進軍しているとき、犬伏《いぬぶし》という場所で一泊し、この話し合いを行った。これがよく知られる「犬伏の別れ」である。

親会社との関係性を常に模索し強化してきた真田家の方針が、ここに結実したといっていいだろう。

アイディア商品を開発した

関ヶ原の戦いでは、徳川家が勝利して、豊臣家が敗北した。敗れた真田昌幸・信繁父子は九度山《くどやま》へと流される。このとき死罪を逃れられたのは、徳川側についた信幸の働きかけがあったとみられている。

だが、命は救われたものの、寒村で家臣や家族らを養わなければならず、その生活は苦しかった。真田信之《のぶゆき》（信幸から改名）に仕送りを催促する書状も見つかっている。過酷な追放生活は、14年にも及んだ。

そんななか、昌幸と信繁は、機《はた》で縦糸と横糸を平たく織った「真田紐《さなだひも》」という特産品を考案して、生計を立てた。俗説ともいわれているが、生き残りをかけて軍略を練ったその頭脳が、戦だけではなく、ビジネスに生かされたとしても不思議ではない。ワンアイディアをすぐに実行に移せるのもまた、小さな組織の長所である。

この九度山の地で、昌幸は1611（慶長16）年、65年の生涯に幕を閉じる。後継者を2人育てた点でも、昌幸はリーダーとしてしっかり責任を果たしたことになる。

信繁は、徳川氏と豊臣氏の関係が悪化すると、豊臣家から呼び戻され、再び戦場で活躍。大坂夏の陣では、徳川家康をあと一歩というところまで追いつめるが、一歩及ばず、戦地で華々しく散っている。「日本一の兵」と評されたゆえんである。そして、信繁は死ぬ前に、自分の大切な子どもたちを、ある戦国武将に託している。そのことについては、別項で触れよう。

一方の信幸はどうなったかといえば、徳川家のもとで、92歳まで生きた。辞世の句は、次のようなものだ。

「何事も、移ればかわる世の中を、夢なりけりと、思いざりけり」

夢かと思うほどの変化の激しさ。それもまた時代の荒波の影響をもろに受ける、中小企業ならではといえるだろう。

大友家
地方で急成長したグローバル企業

キーパーソン

▼大友宗麟（1530～1587）

豊後国生まれ。鎌倉時代には北九州の守護を務めた家柄。お家騒動を経て当主の座につく。20代前半の頃、豊後に訪れたフランシスコ・ザビエルにキリスト教の布教を認め、さらには府内にポルトガル人商人を集めて南蛮貿易を行った。最盛期には九州6カ国を支配したが、島津家との戦いに敗れると勢力は後退した。

戦国武将きっての国際派

天下統一を目指して、戦国武将たちがしのぎを削った戦国時代。

昨今は「天下統一を目標としていた戦国武将はほとんどいなかった」という見解もあるが、たとえ天下統一という大それたことまでは考えなかったとしても、自分の領地を守り、できるならば、少しでも広げていこうとした点は、どの戦国武将にも共通している。

猛者たちが国内での領地争いに明け暮れるなかで、海外との貿易に目を向けた戦国武将がいる。九州地方で勢力を伸ばした、大友《おおとも》家の第21代当主、大友宗麟《そうりん》である。

宗麟は、現在の大分市である豊後府内《ぶんごふない》を拠点としながら、東シナ海や南シナ海を舞台にカンボジア国王と外交関係を結ぶなど、その名はヨーロッパでも広く知られていた。16世紀にヨーロッパで描かれた日本の地図には、九州全体が「BVNGO（豊後）」と記されているほどである。会社にたとえれば、さしずめ、グローバル戦略で成長した地方企業といったところだろう。

だが、宗麟の評価は真っ二つに割れている。「名君」「世にもまれなる武将」という賛辞も

◎大友宗麟の勢力図（1560年頃）

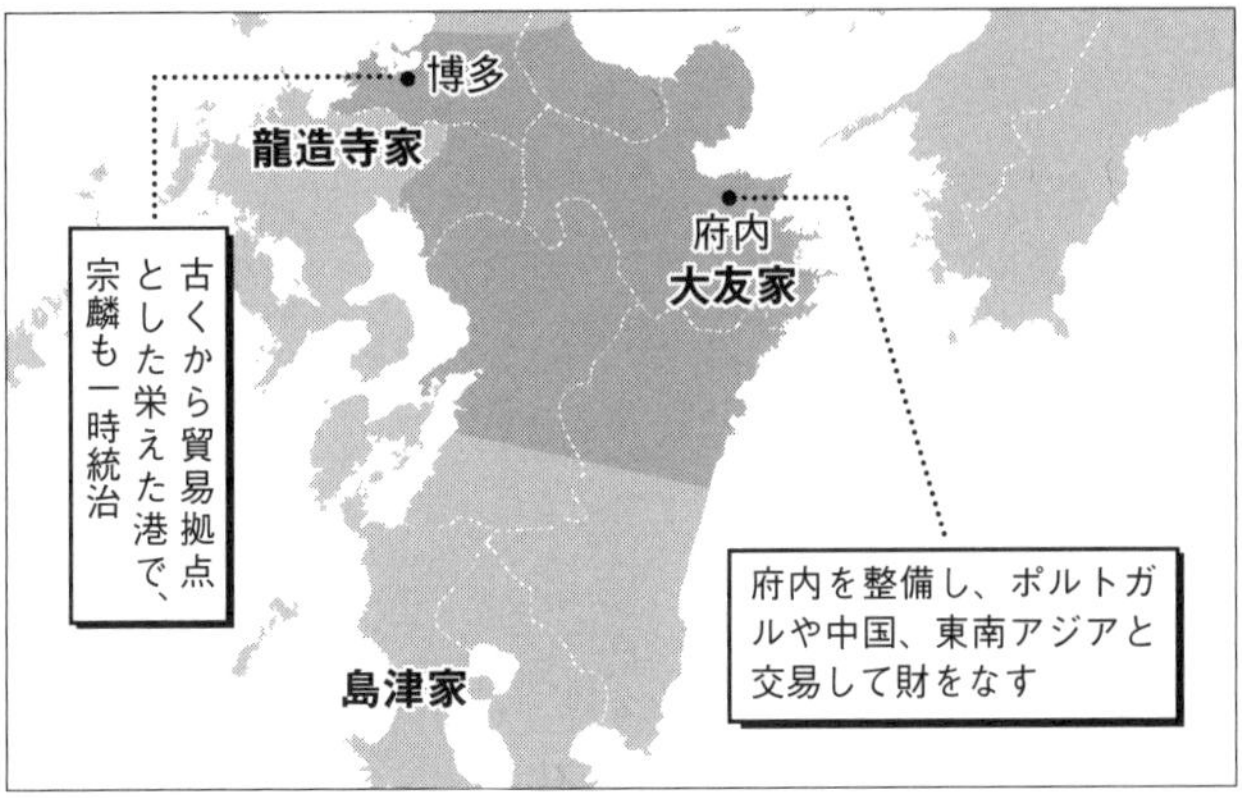

あれば、「家臣に横暴を働く暴君だった」という批判もある。

伝来して間もないキリスト教に帰依し、「キリシタン大名」として知られる宗麟。どんな人物で、どのように国の統治を行っていたのだろうか。

お家騒動のゴタゴタに巻き込まれる

基本的には世襲でリーダーが決まる戦国時代だが、家督の継承時には、しばしば熾烈な争い事が起こる。大友家も例外ではなかった。

宗麟は、大友家の第20代当主である大友義鑑《よしあき》の長男として生まれた。「宗麟」は後の名であり、もともとは「義鎮《よししげ》」といったが、混乱を避けるため、本稿では宗麟で統一する。

大友家の21代当主には、長男である宗麟が就くのが順当だったが、父の義鑑はそれを望まなかった。正妻の子である宗麟よりも、側室の子である塩市丸《しおいちまる》のほうを溺愛したのである。父が「どうしても塩市丸のほうに家督を継がせたい」と考えたがために、宗麟につく派閥と塩市丸につく派閥に分かれて、勢力争いが繰り広げられた。実の親から疎まれた宗麟の胸中は、察するに余りあるものがある。

父の義鑑は、塩市丸を後継ぎにするために、宗麟派の主要人物を誅殺《ちゅうさつ》するという暴挙に出る。宗麟派の津久見美作守《つくみみまさかのかみ》、田口鑑親《あきちか》らは、身の危険を感じて、「やられる前にやるべし」と、義鑑の館へ侵入。2階で寝ていた義鑑と塩市丸、そして塩市丸の母の3人を襲撃した。塩市丸とその生母らは命を落とす。義鑑は重傷を負い、その場では一命をとりとめたものの、のちに死去している。

この「二階崩れの変」と呼ばれる騒動を経て、宗麟は20歳で家督を継承した。家中で憎しみ合ったこの事件は、宗麟の心に大きな影を落とす。父との冷たい関係がキリスト教に目覚める背景にもなったと思われる。

◎大友家の家督争い（二階崩れの変）

宗麟派

重臣の小佐井大和守・斎藤長実・津久見美作・田口鑑親は、嫡男である宗麟を支持

勝利

二階崩れの変※
（後継者争い）

塩市丸派

側室の子で生まれた年は宗麟より遅いが、義鑑は塩市丸が後継ぎになることを希望

敗北

塩市丸派に小佐井大和守、斎藤長実が殺されると、危機感を抱いた津久見・田口によって義鑑・塩市丸は討ち取られた

※塩市丸らが館の二階で襲撃されたことにちなむ

もともと病弱で、書画、能楽、茶道などの雅《みやび》を好んだ宗麟。戦場で暴れ回る勇猛な武将からは程遠かったが、その代わりに、外交手腕に長けていた。

家督を継いで1年後のことだ。大友家と長く争っていた大内家の当主、義隆《よしたか》が家臣の陶隆房《すえたかふさ》に謀反を起こされて自害すると、宗麟は弟の晴英《はるひで》を当主として送り込んでいる。

その後も、肥後《ひご》の豪族である菊池氏を滅亡させ、少弐《しょうに》氏が没落すると、宗麟は守護職に就くべく、将軍の足利義輝《よしてる》に働きかける。入念な根回しによって、肥前国《ひぜんのくに》守護職に就くことに成功した。

将軍家との関係を強化しながら、宗麟は北九州で支配を進めていき、九州に進出しようとす

る毛利家と衝突することになる。

宗麟は、体育会系企業とは正反対の知性派の経営で、その勢力を伸ばしたといえよう。

独裁ではなく合議制で物事を決めた

リーダーが知略家だからといって、同じタイプの人間が組織で重宝されるわけではない。むしろ、リーダーをサポートするような、異なるタイプの人間を側近に置くほうが、マネジメントはうまくいきやすい。

宗麟もそのことをよく理解していたようで、側近には、自身とは異なる猛将型の家臣を配置していた。

「豊州三老《ほうしゅうさんろう》」と呼ばれる立花道雪《たちばなどうせつ》、臼杵鑑速《うすきあきはや》、吉弘鑑理《よしひろあきまさ》らが、まさにその好例である。彼らは宗麟を常にサポートし、宗麟の代わりに戦場で大友軍を指揮することもあった。

なかでも、道雪の強さは際立っており、常に戦場にその姿を現す「軍神」として、他国から恐れられた。その強さはルイス・フロイスをして「最も武勇あり優秀な大将である」と言

宗麟は家臣たちの話に耳を傾け、合議制による領地経営を行った

わしめるほどだった。

宗麟の下には「豊州三老」の他、3～5人、ときには8人を「加判衆《かばんしゅう》」として、最高位の家臣として位置づけた。加判衆は政治、軍事、外交などを指揮する立場で、その上に立つ宗麟をもってしても、彼らの意向は無視できなかった。

トップダウンの組織ならば統率はとれやすいが、リーダーと方向性が食い違ってきたときに、士気が落ちやすい。会社でいうと、退職連鎖が起きているような職場は、会社の方向性についていけず、かつ、幹部が経営者を諫めることができないという、事実上の独裁制が敷かれている場合が多い。

逆に、中間管理職が経営者に物が言いやすい雰囲気が作られていれば、現場の意見がきちんと吸い上げられるので、会社が進もうとしている方向と食い違いが見られた場合にも、そのギャップを埋めやすいといえるだろう。

そういう意味では、大友家は家臣たちにとってもやりがいをもって働ける環境だったのではないだろうか。

下の人間たちに権限を持たせてやる気を出させれば、当然、成果も上がってくる。優秀な家臣たちの活躍を引き出したことで、大友家は宗麟の時代に最盛期を迎えた。

他国との貿易で大儲けした

もっとも宗麟が独裁体制を敷かなかったのは、家臣たちのモチベーションを大切にしたからではなく、そうせざるを得なかったという事情もあった。

「二階崩れの変」で身内に死者を出しながら、家督を継いだ宗麟だったが、その翌年の1551（天文20）年に、人生を変える出会いを果たす。山口で布教をしていたフランシスコ・ザビエルである。

豊後府内に招いてザビエルと会見した宗麟は、キリスト教の布教を許可。ポルトガル王に親書と使者を遣わしてまで、多くのポルトガル人宣教師を豊後府内に招いている。

なかには、キリスト教の布教に反発する家臣もおり、立て続けに謀反を起こされるなど、領内の政治を安定させることに、宗麟は尽力せねばならなかった。

だが、宗麟がキリスト教の布教を許したのは、信仰上の理由だけではなかった。なにしろ宗麟は、キリスト教の布教を許しながらも、自分は禅宗に帰依している。「宗麟」の呼び名も、その頃に剃髪《ていはつ》して名乗ったものだ。20代からキリシタンと交流を持った宗麟だったが、キリスト教の洗礼を受けてキリスト教徒になるのは、48歳のときのことである。

改宗が遅くなったことについて、本人はこう説明している。

「国の政治を息子に任せるまで、自分の時間がもてなかったし、日本の宗教の奥義を極めたうえでキリシタンになりたかった」

では、なぜ、家臣からの反発を招いてまでキリスト教の布教をいち早く許可したのか。その目的は、宣教師を受け入れることで、他国と貿易を行うためだった。

宗麟は以前に、対明貿易や対朝鮮半島貿易を行う博多を支配していたことがあった。貿易でいかに利益を上げられるか。その旨味を十分に実感していたのである。

そのため、博多や豊後府内の沖ノ浜などをポルトガル商船の寄港地とし、ヨーロッパから物資を手に入れやすい環境を作ったのだ。宗麟は、中国や東南アジアとの交易も積極的に行ったため、大友家はどんどん財力をつけていった。

また、貿易目的でポルトガルから訪れた商人のなかには、医師免許を持った者もいた。ルイス・デ・アルメイダである。

宗麟はアルメイダから孤児院と病院の建設を提案されると、それを快諾。宗麟はアルメイダに府内の土地を与えて、孤児院と総合病院の建設を実現させている。病院では、アルメイダ自身も外科を担当し、外科手術の技術を伝えた。これが日本初の病院だと言われている。

現代社会では、若者の消費意欲の低迷がみられる一方で、就職先を選ぶにあたって、「人の役に立つ仕事に就きたい」と考える人が目立ってきているようだ。その企業がどのような社会貢献に取り組んでいるのか。それも会社選びの一つの判断材料となる時代になった。

キリスト教を受け入れた他、孤児院や病院の建設など、社会的意義の高い事業にも関心を持った宗麟。その取り組みには、心惹かれる若者も多いのではないだろうか。

家臣の妻も奪う好色ぶり？

体質も虚弱で、戦場で駆け回るリーダーではなかったが、海外との交易を積極的に行うグローバル戦略で、大友家を大いに盛り立てた宗麟。刺激的で変化に富んだ環境に身を置きたいならば、なかなかよい環境ではないだろうか。

しかし、宗麟を名君とする評価がある一方で、暴君とする声も少なくはない。その原因はただ一つ、宗麟の女癖である。

家督を継いでからしばらくは熱心に政務に励んでいた宗麟だったが、北九州を支配した頃から、若い美女を領国内外問わずに求めたという。それも家臣たちが眉をひそめるほどだったというから始末が悪い。

重臣の立花道雪が宗麟に諫言《かんげん》しようとしたものの、なかなか対面が叶わなかった。そこで、美女たちを城中に何度も送り込んで躍らせては、宗麟をおびき寄せた。それで成功してしまうところが、事態の深刻さをよく表している。

道雪が涙ながらに忠告したところ、宗麟は「今の諫言はもっともである。以後は素行を改めよう」と一度は聞き入れた。だが、そう簡単には直らないのが、女癖というもの。結局は元どおりになってしまう。

それどころか、家臣の妻が九州一の美女だと聞きつけると、その家臣の殺害を命じてまで、その女性を自分のものにしてしまったという。事実ならば、確かに暴君以外の何物でもない。

しかし、そんな宗麟の悪行を書いたのは『陰徳太平記《いんとくたいへいき》』という江戸期の出版物で、史実の改ざんもあると指摘されている。また、出版の費用を毛利家が出しているため、毛利元就が理想的な人物として描かれている。そんな背景を踏まえれば、毛利家と争った宗麟がことさら暴君として描かれていたとしても不思議ではない。

『陰徳太平記』では宗麟の暴君ぶりが強調されている一方で、イエズス会の宣教師であるルイス・フロイスは1578（天正6）年に、イエズス会の宣教師たちへの手紙で「日本にいる王侯《おうこう》で最も思慮があり、聡明で叡智の人で知られる」と絶賛しており、そのスタンスは宗麟が没しても変わらなかった。イエズス会がキリスト教徒の宗麟に好感を持っていたことを差し引いても、どうも『陰徳太平記』での宗麟の記述には誇張がある可能性が高そうだ。

それでも、宗麟には妻の他に数人の女性がいたことは事実なので、そのあたりへの抵抗感が強い人は、大友家への入社は見合わせたほうがよさそうである。

良い評判も悪い評判も聞くが、戦国武将には珍しいタイプの宗麟という男を、一度この目で見てやろうじゃないか――。

それくらいの好奇心がなければ、グローバル企業では働けないのかもしれない。

伊達家
したたかな社長率いる体育会系企業

キーパーソン

▼伊達政宗（1567 ～ 1636）

出羽国生まれ。十代後半で家督を継ぐと、領地拡大に邁進する。父の死後は会津に勢力を伸ばした他、有力豪族を服属させて、現在の福島県の大半と米沢にいたる地域を支配した。1590 年に豊臣秀吉に服属したが、秀吉死後は家康に接近し、関ヶ原の戦い後は仙台藩 60 万石（のち 62 万石）を領有した。

「遅れてきた武将」の経営スタイル

若き経営者は、しばしば流行の追い風を受けて、ベンチャー企業を急成長させる。いわゆる「時代の寵児」だ。

なぜ、あの人は成功することができたのか――。インタビュアーが果敢に切り込んで、その要因を分析しても後付けにすぎない。

トレンドを先読みして成功したように見えても、実のところは、もともとの自分の得意分野が、時代のニーズと合致していたというケースが少なくない。つまり、運を味方につけることも、成功者の欠かせない要因だといえる。生まれる時代は選べないのだ。

伊達政宗《だてまさむね》は、戦国武将のなかでも屈指の人気を誇っている。

「政宗がもっと早く生まれていれば……」

という思いが、政宗の存在感をより大きくしているように思う。

政宗が出羽国《でわのくに》の米沢城《よねざわじょう》で、父の輝宗《てるむね》の嫡男として生まれたのは、1567（永禄10）年のこと。このとき、織田信長がすでに33歳で、翌年には、足利義昭《あしかがよしあき》を奉じて上洛している。信

◎伊達家の版図（1590年頃）

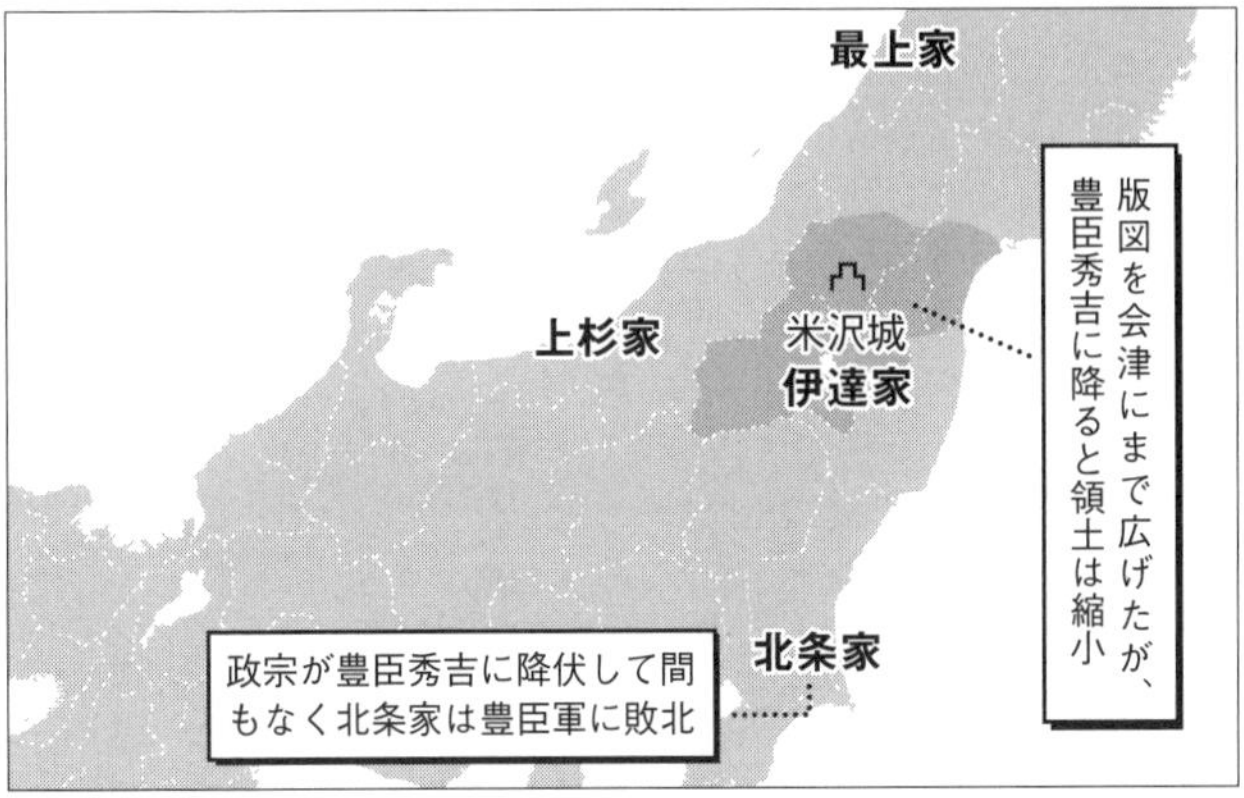

長の家来だった豊臣秀吉は30歳、岡崎城の城主だった徳川家康は24歳である。政宗が生まれた時点で、戦国の世は天下統一に向かいつつあったといってよい。

「遅れてきた武将」

政宗はしばしばそんなふうに呼ばれている。時代の寵児になれなかった悲運さが、政宗にはつきまとい、それゆえ後世から「たられば」で語られやすくなっているようだ。

実際に政宗は、それだけ期待されるほどの逸話が数多くあり、リーダーとして魅力的である。そばに仕えて、ともに戦国時代を暴れ回るのも確かに刺激的だろうと思う。

だが、一方で、政宗は自身の破天荒なふるまいからは意外なほどに神経質な一面があり、それは組織運営にも表れている。政宗は現場にも細かく口出しをしながら、自ら先頭に立って、チームを引っ張っていった。

伊達家は現代の企業にたとえるならば「熱血カリスマ社長が率いる中小企業」といえそうだ。自分ならばついていけそうかどうか。みていこうではないか。

デビュー戦でやりすぎる

父・輝宗の隠居にともなって、政宗が家督を継いだのは、17歳のときのことだ。年齢的な若さから不安があったのだろう。一度は固辞したといわれている。それでも、家臣たちに背中を押されて引き受けている。

かつて日本興業銀行の頭取を務めて、「財界鞍馬天狗」と呼ばれた中山素平は、リーダーの選び方について、こんなふうに言った。

「なりたがる人間を社長にしないことだ」

リーダーになりたい人ではなくて、周囲が「リーダーになってほしい」という人がリーダーになるべきだ、ということ。その点、政宗はまさに周囲に期待されて、第17代当主に就いたことになる。

　周囲から推されるかたちでリーダーになれば、サポートも受けやすい。政宗が特に頼りにしたのが、家臣の片倉小十郎景綱《かたくらこじゅうろうかげつな》である。

　小十郎は、父の輝宗が見いだして小姓《こしょう》となり、政宗が9歳のときから、教育係を務めた。政宗は天然痘《てんねんとう》によって幼少期に片目の視力を失っているが、小十郎は政宗の「右腕」ならぬ「右目」と呼ばれるほど、生涯にわたって参謀として政宗を支え続けた。

　リーダーが信頼できる側近を自分につけることは、円滑な組織運営において、欠かせない重要事項だといえるだろう。

　政宗が家督を継いでから、わずか10カ月後の1585（天正13）年、小手森城《おでもりじょう》合戦において、政宗は当主として鮮烈な戦デビューを飾った。小手森城を攻略して落城させたのみならず、敵を片っ端からひっとらえて、女子どもも容赦なく惨殺。敵を残らず斬り殺したことから「小手森城の撫で斬り」と呼ばれる事件を起こしている。

　いきなり凶悪さをあらわにしたリーダーに、部下たちも震え上がったに違いない。ちなみに、政宗はこのときに殺した人数について、政宗の叔父で山形城主の最上義光《もがみよしあき》への手紙では

「1100人あまり」と誇らしげに書いているが、家臣への手紙では「200人あまり」と書いている。どうも叔父には見栄を張った可能性が高い。

政宗は、しばしばこういうハッタリをかますところがあった。プレゼン上手なカリスマ社長といったところだろうか。

それは天下人・秀吉相手に最も発揮されることになる。

自分より強大な相手に悩むリーダー

社長という立場は、現場で働く社員からしてみれば、随分と気楽な立場のようにも思える。だが、社長は社長で、別の場所で苦心していたりする。それは、株主であったり、銀行であったり、会社の命運が握られている相手への対応である。

政宗の場合は、その相手が太閤《たいこう》の豊臣秀吉だった。政宗は秀吉から何度も上洛するようにいわれながらも、それを無視していた。

「上洛する」ということは「相手に屈服する」ことを意味する。それでよいのか。今こそ、天下人と対峙すべきではないかという思いが政宗にはあった。

重臣たちの意見も割れており、どちらに決断しても全員が満足することはない。つくづくリーダーはいつも孤独だ。

思い悩んだ政宗は、側近に次のような手紙を書いた。

「関白とのことさえうまくいけば、他にはもう何も心配はないのだが。もし、関白と行き違いがあれば、切腹はまぬがれない。明けても暮れてもこのことで頭がいっぱいだ」

リーダーは多くのことを自分の思いどおりにすることができる。それだけに、一部の「思いどおりにできないこと」でストレスがたまってしかたがない。

しかも、政宗の場合は、しくじれば自分の命をも失いかねない。そんななかでのチキンレースは、精神的にかなりの重圧だったことだろう。

政宗がようやく決断したのは、小田原城が落城する1カ月前のこと。遅れに遅れての上洛である。政宗は「命を預けます」という意味を込めて、死に装束で秀吉の前に現れる大パフォーマンスをやってのけている。追い詰められたうえでの奇策だったが、これが功を奏して秀吉に気に入られた。

派手好きの政宗は、パフォーマンスをすることが大得意だった。

伊達家の菩提寺である瑞巌寺《ずいがんじ》には、背景が金色に彩られた襖絵が数多くみられる。黄金の襖絵に囲まれた豪華な部屋で、政宗は火灯窓《かとうまど》を背にして客人を迎えたとか。日が差せば、黄金の部屋で後光が差しているように見えるという仕掛けである。

政宗が現代に生きる経営者ならば、インスタグラムやＹｏｕＴｕｂｅを活用して、伊達家の栄華を巧みにＰＲしたことだろう。

秀吉との小田原での謁見では「散々遅れてきたことを、相手にお詫びする」という守りに入らざるを得ない場面だった。それでも受け身ではなくこちらから仕掛けられるのが、政宗の強みだろう。

たとえ部下が大きな失態をおかしても、誰も思いつかないような奇想天外な方法で、ミスを挽回してくれそうである。

怖いけど何かと頼りになるリーダー。それが政宗だった。

ほぼ強制の「鷹狩り合宿」

国を率いる当主ならではのストレスも多かった政宗。合戦の合間、趣味として楽しんでいたのが、鷹狩《たかが》りである。

鷹狩りは、鷹を放って、鶏《にわとり》、鴨《かも》、雁《かり》、キジ、ヒバリ、鶉《うずら》などの鳥類を狩るというもの。シーズンの秋を迎えると、政宗はせっせと野に行っては鷹狩りに励んだようだ。

1616（元和2）年12月には、家康から拝領していた久喜《くき》（埼玉県）の鷹狩り場へと出かけた。10日間ほど滞在したというから、ちょっとした合宿である。

狩場につくと、政宗は家臣たちにこんな心得を渡している。

一、今回鷹狩りに供をしてきた者は、決して近在の百姓たちに無礼をしてはならない。
一、朝食のときは、酒は小盃で三杯まで。場合によっては五杯まで許す。
一、晩は飲み放題。ただし、大酒は禁止。
一、毎日狩場《かりば》へ出かけず留守をする者も、のほほんとしてサボっていては駄目。
一、今回、この雪風に（寒い、寒いと言って）大人気《おとなげ》なく屋敷に留まった者は、後で帰ってから罰金とする。

「秋の鷹狩り社員合宿」のしおりのようなものだろう。

酒についての話題が多いことからも、親睦を兼ねたイベントだったことが読み取れる。狩りをしない自由はありそうだが、とりあえず、一緒に出かけておかないとまずそうな雰囲気である。

事実上の強制参加――。これはまさに、中小企業にありがちな、懇親イベントそのものではないだろうか。

一説には、この心得は政宗流のシャレだったともいわれているが、上にとってはシャレでも、下はそう受け取らないのが、社会の常というもの。

「また鷹狩りの季節か……」

なんて愚痴っていた家臣もきっといたことだろう。

鷹狩りにいくとき、政宗は叔父の政景《まさかげ》が飼っていた大鷹について、こんな手紙を書いたこともあった。

「どうか、この秋ばかり貸してもらえまいか。鳥屋に入っていようが、羽など少々生えそろわなかろうが構わない。わざわざこの使者を遣わすので、何とか頼む、頼む、頼む」

よほどほしかったのか、懇願するかのようにおねだりしている。

これほどリーダーが熱中している趣味に否定的になるのは難しい。経営者の趣味はゴルフやサーフィンなどさまざまだが、伊達家に就職したら、とりあえず鷹狩りに付き合うことは、覚悟しておいたほうがよさそうである。

細かいところまで気になるんです

それでも鷹狩りに同行するくらいならば、シーズンも限られているし、毎日のことではない。やはり自分の仕事に大きく影響するという意味で大事なのは、上司がどんなタイプかということだ。

放任主義ならば、方法はともかく結果を出すことに注力すべきだし、管理主義ならば、自分の判断で仕事を進めてしまうことのないように、報告・連絡・相談の「ホウレンソウ」を抜かりなくやることが大切となる。

政宗の場合は、豪快そうに見えて意外と後者のタイプで、自分でしっかり部下の仕事を管理しないと気が済まないタイプだった。

家臣に与える米のことを「扶持米《ふちまい》」と呼んでいたが、この扶持米をどう確保するかに、政宗は頭を悩ませていた。戦国時代に終止符が打たれ、各大名の領地が確定すると、その悩みはより深刻なものとなる。戦に勝利をして領土を拡張することは、もうできなくなったからだ。

そこで政宗が考えたのは、領内の荒地を活用することである。荒地の場合は、知行を2倍にかさ上げして家臣に与えることで、再耕作を進めようとしたのだ。発案にあたっては、自ら細かい計算をして、具体的な数字を打ち出しているのが、いかにも政宗らしい。

政宗の肝いりの政策だったが、その進捗が芳《かんば》しくないとなると、奉行や役人にプロジェクトの進行について、厳格に監視するようにと注意。代官自らが年貢の徴収に出向くように指示を出している。本来ならば、自分の目でしっかり監視したかったことだろう。

なにしろ政宗は「鱈《たら》が例年のように出回らず、庶民が困っている」と耳にすると、家臣たちに漁師を説得して出荷するように指示を出すくらいだった。細かいところまで気になってしかたがないのだ。

管理主義のリーダーは下からは煙たがられがちだが、管理をきっちりすることで、成果につながるとはっきり示せば、初めは渋々従っていたメンバーにも納得感が出てきて、積極的

荒地の開墾を指示する際、具体的な数値を出して効果を確かめるなど、政宗は細かい点に目をくばって政策の成果が上がるか注視した

にルールを守るようになるだろう。もちろん、成果が上がることで、自分たちの生活がよくなるという待遇改善までがセットである。

政宗の政策はどうだったかというと、荒地だけではなく広大な野谷地《のやち》まで対象を広げて、仙台藩の基本的な指針の一つとなる。新田の開発にあたって、政宗は河川の整備も行った。その結果、江戸時代の中期には、仙台藩の実高は100万石を突破。新田を多く生み出して、仙台の米は江戸の相場を支配することになった。

政宗も予想していなかったほどの大きな結果につながったといえそうだ。それでこそ、政宗がカリカリしながら、現場を見張らしてまで政策を推し進めた甲斐《かい》があったというものだ。

他人のせいにするのは許さなかった

ちょっと面倒くさそうではあるけれども、政宗が魅力的なリーダーだったことは、間違いなさそうだ。もし、現代の会社ならば、社長面接で、新人は皆ファンになってしまうことだろう。

だが、入社後のギャップを埋めるために、政宗の厳しさも再度、強調しておきたい。なにしろ、当主としてのデビュー戦で、女子どもかかわらず皆殺しにしているような男である。その激情の矛先が家臣に向かうことも当然考えられる。

ある飲み会では、飲み過ぎた政宗が、家来の頭を脇差の鞘で殴ってしまった。このときは反省して、政宗は家来に謝罪文を送っている。

「先日酒を飲んだときに、善兵衛の言い訳が気に障《さわ》って、暴力を振るってしまった。いかに酒を飲んだうえでのこととはいえ、脇差《わきざし》の鞘《さや》で頭を打ったことは、私の誤りであった」

自分が間違いを犯したと思えば、目下の者であっても、きちんとすぐに謝罪する。政宗の誠実さを表すエピソードではあるが、「言い訳したのが気に食わなかった」というのが、なんとも恐ろしい。政宗は、とにかく言い逃れをされるのが嫌いで、自分のミスにもかかわらず、責任転嫁するような人間は、絶対に許せなかった。

左平次という男は、時間を聞き間違えたというだけで、政宗から切腹を命じられている。明らかにやりすぎだが、政宗の怒りのポイントはそこではなかった。

「通常物の聞き違いは誰にでもあることだ。そのことをもって彼に切腹を命じたのではない。自分の聞き違いだとは言わないで、他の者に責任をなすりつけようとしたのが、許せないのだ」

だからといって腹を切らせなくてもよい気はするのだが、政宗は卑劣な人間が許せなかった。

そんな激情型の政宗を頼りにした意外な人物がいる。別項で取り上げた真田信繁《さなだのぶしげ》である。大坂夏の陣で目覚ましい活躍をした信繁だが、豊臣家についていたため、徳川家についた政宗とは敵対関係にあった。

大坂夏の陣では、1615（慶長20）年5月6日に道明寺《どうみょうじ》付近で、信繁と政宗は対決している。幸村率いる軍は、伊達軍を翻弄して、大坂城に舞い戻った。

戦況をみたときに、豊臣方の敗北はすでに確定的だった。それでも幸村は豊臣家のために、命を賭す覚悟を固めていた。ただ、気がかりなのは子どもたちである。伊達軍と戦った日の夜、信繁は子どもたちを生き残らせるために、ある人物に預けることを決意する。

その人物とは、片倉重長《しげなが》。政宗の側近、片倉景綱の子で、ついさっきの激突でも、伊達軍の指揮をとっていた男である。

敵軍に自分の妻子を預けるなど正気の沙汰とは思えないが、信繁には、確信があった。

「政宗は信用に値する男である」

このいきさつにも、いろんな説がある。真田家と片倉家の先祖が実は同じだったからという説もあれば、もともと政宗との間にそういう取引があったという説もある。実際のところは、信繁が伊達を信頼したという単純な話ではないのかもしれない。

だが、確かなのは、政宗は信繁から預かった6人もの子どもを、片倉家が保護するかたちで、きっちりと面倒をみたということだ。なかでも、三女の阿梅《おうめ》にいたっては、片倉重長の側室になり、次男の守信《もりのぶ》は1000石という食禄を受けている。

もちろん、敵方の子どもを預かっているなど、徳川家に発覚しては大変なことになる。政宗は隠し通したのだ。

他人のために、そんなリスクを背負うなど、なかなかできることではない。どのような背景があったにしろ、政宗の行動は、人間として正しいといえるだろう。

そして、そういったリーダーの振る舞いをまた、下で働く者たちはしっかりと見ているものだ。伊達家についている自分を誇らしく思えたに違いない。

とことん熱い男、政宗。

そのパッションについていけそうならば、伊達家はイケイケな就職先として楽しそうではある。

朝倉家
カリスマ社長とベテラン社員が支えた老舗企業

キーパーソン

▼朝倉孝景〈10代当主〉（1493 ～ 1546）

越前国生まれ。応仁の乱で活躍した曾祖父と同じ「孝景」を名乗る。父の急死を受けて当主となった。重臣で朝倉一族の宗滴の助けを得て周辺国と抗争したことで、朝倉家は存在感を発揮。この孝景の時代に加賀の一向一揆と和睦したと伝わる。京の朝廷や幕府との関係強化にも力を入れ、城下町の一乗谷に京の文化を移入した。

アワビは禁止！ 伝説だらけの名門

名門、朝倉《あさくら》家。

朝倉家のルーツについては、さまざまな説があり、「孝徳天皇―表米親王《うわよねしんのう》」を祖先とする見解もあるが、はっきりとはわかっていない。いずれにせよ、但馬《たじま》（現在の兵庫県北部）に永住した豪族にそのルーツがあることは確かなようだ。

「朝倉」の苗字を用いるのは、平安時代末の朝倉余三大夫宗高《むねたか》からで、その子にあたる高清は、関東で民衆を困らせた白猪を退治したという伝説を持つ。この高清から数えて7代目（8代目あるいは9代目とする説も）にあたるのが、越前朝倉家の初代当主、朝倉広景《ひろかげ》である。広景が越前朝倉家の祖となり、それ以後、11代当主の朝倉義景《よしかげ》まで、朝倉家は続くことになる。

伝統ある家では、妙な習慣があったりするもの。朝倉家では、アワビを食べることが禁じられていた。「祖先が海でアワビに助けられた」という伝説があるからだ。会社も老舗だと、独特の社風を持っていることがある。朝倉家を現代の会社になぞらえたならば、「郷に入れば郷に従う」ことに抵抗の少ないタイプのほうが、長続きしそうだ。

◎朝倉家系譜

【越前朝倉家】

朝倉宗高（平安時代末期）：但馬国朝倉荘（兵庫県養父市）に所領を持つ

〜 広景1（1255-1352）：主筋の斯波氏に従い越前国へ

〜 教景5（1380-1463）：この頃までに居城を一乗谷へ移したか

〜 孝景7（1428-1481）：応仁の乱で活躍して越前国の守護に

― 氏景8（1449-1486） ― 貞景9（1473-1512） ― 孝景10（1493-1548）：7代孝景が残した家訓を守り、有力家臣のバックアップのもとで勢力を拡大。周辺国の争いに介入したり仲裁したりして影響力を強める

― 義景11（1533-1573）：織田信長に攻められ朝倉家は滅亡

但馬で興った朝倉家は、南北朝の争乱のなかで、足利氏の氏族である斯波高経《しばたかつね》のもとに配属される。斯波高経は室町幕府から、越前（現在の福井県南部）の守護に任じられたため、朝倉氏もそれに従い、越前へと入国。

当時、越前は京都からも比較的近く、北陸地方、奥羽地方、そして、山陰地方に至る交通路の要だった。その越前の地で、朝倉家は斯波氏の重臣として活躍することになる。

朝倉広景以降は、現在の福井県福井市黒丸《くろまる》城《じょう》町《ちょう》にあたる坂井郡三宅黒丸に居住していたが、5代目当主の教景《のりかげ》の頃までには、一乗谷《いちじょうだに》に移城したとみられている。それからは一乗谷の地で、朝倉家は越前国での影響力を強めていく。

朝倉氏の館と城下町の跡地は、一乗谷朝倉氏

遺跡として現在も残っている。「日本のポンペイ」と呼ばれ、戦国ファンならずとも訪問者を魅了する、人気の観光スポットだ。朝倉家がもし現代の企業で、新卒向けに会社説明会を行ったならば、必ずスライドで写真が出てくることだろう。

創業年数が古いからといって、今後も安泰であるという保証には何一つならないのだが、事業を続けてきたことへの信頼感は生まれやすい。ベンチャー企業にはない安心感があり、親を安心させる就職先だといえそうだ。

名門、朝倉家の家臣もまた、そんな誇らしさをもって、朝倉家に仕えていたのではないだろうか。

チャンスとみれば下剋上

１４６７（応仁元）年から11年にもわたって繰り広げられた、応仁の乱。

近年は１４５４（享徳３）年に関東で起きた「享徳《きょうとく》の乱」こそが戦国時代のきっかけとする見解が定着しつつあるが、本格的に戦国時代へと突入したのは「応仁の乱」からといってよい。

この日本史上最大の内乱において、大いに活躍したのが、7代当主の朝倉孝景《たかかげ》（敏景《としかげ》）である。孝景は実名を何度も変えており、元服後は「教景《のりかげ》」を名乗るが、壮年期は「敏景」、そこから「孝景」と改名。そのうえ、10代当主が曾祖父にあやかって同じ名である「孝景」を名乗ったため、なおさらややこしい。

7代当主の孝景は、幼少期から頭がよく儒教や仏教を学び、かつ、集まった軍士から弓馬合戦の奥義を学ぶなど、文武両道だった。

成長するに連れて、周囲の期待も高まり「善悪を正してよく人心に応えたので孝景が天下の政務を行うことを願わぬ者はいなかった」（『朝倉始末記』）という。リーダーになるべくして教育され、それに十分応えてきた孝景の様子が伝わって来る。

孝景は、越前守護斯波氏の三家老の1人となるが、斯波氏で内紛が起きると、守護代の甲《か》斐常治《いじょうち》と結んで勢力を伸ばす。さらに、甲斐常治の死去によって、越前での支配力を強めて、朝倉家の繁栄を築いた。

応仁の乱において、孝景は西軍として目覚ましい活躍を見せるが、東軍の細川勝元《ほそかわかつもと》から「東軍に味方すれば、越前守護に任命してもよい」という条件をチラつかされると状況が変わっていく。

応仁の乱の原因を作ったともいわれる伊勢貞親《いせさだちか》から孝景に宛てて、東軍への勧誘工作があったことが、書状からもわかっている。ヘッドハンティング専門の転職サイトからのスカウトメールのようなものだ。条件が良すぎて胡散臭いという点でも、同じだったのだろう。孝景は「本当に将軍からの命なのか」と疑ったらしく、足利義政から御内書《ごないしょ》も出されている。伸《の》るか反《そ》るか。まさに、一家の命運を左右する賭けだったが、このまま西軍で活躍しても、見返りは限られていると、孝景は考えたようだ。

孝景は、東軍へと寝返ることを決意。裏切ったことで、1471(文明3)年には、越前国守護職を得ることに成功している。主家である斯波氏を出し抜いての異例の大出世だった。

機を見るに敏——。

チャンスとみれば、即座に行動を起こす。そんなビジネスの世界でも必要不可欠な決断力と実行力を、7代目の孝景は備えていたのだ。

世襲から実力主義への転換を図った

◎朝倉義景による越前平定

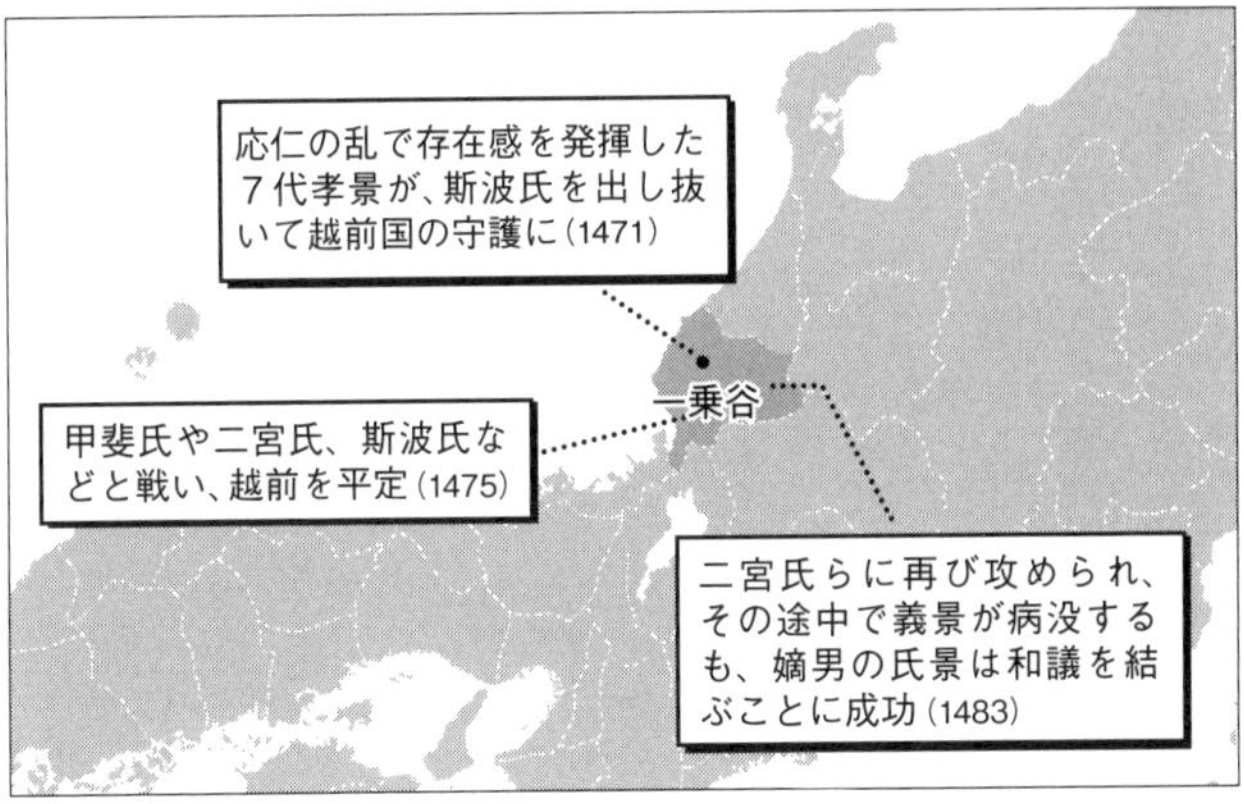
応仁の乱で存在感を発揮した7代孝景が、斯波氏を出し抜いて越前国の守護に(1471)
一乗谷
甲斐氏や二宮氏、斯波氏などと戦い、越前を平定(1475)
二宮氏らに再び攻められ、その途中で義景が病没するも、嫡男の氏景は和議を結ぶことに成功(1483)

東西両軍の総帥である山名持豊《やまなもちとよ》と細川勝元が没すると、応仁の乱は終息へと向かうが、朝倉の裏切りは当然、禍根《かこん》を残した。

斯波氏に代わり越前守護に任じられた朝倉軍は、甲斐氏や二宮氏らと対立。戦が再び繰り広げられ、孝景は息子の氏景《うじかげ》とともに、毎年のように甲斐氏と戦っては、越前から追い出すということを繰り返していた。

そんななか、孝景は、斯波氏や甲斐氏との戦いの最中に、53歳で腫物を患って病死してしまう。後を継いだのは孝景の嫡男にあたる、朝倉氏景である。

実は、孝景の病については、広く噂が広まっていた。孝景さえいなくなれば、朝倉国は総崩れになるはず。そう考えていた敵国からすれば、待ち望んだチャンスが訪れたことになる。それだけ、孝景の存在が大きかったということだ。

孝景は病に倒れたあと、子の氏景と孫の貞景に17か条の家訓を残し、それが「朝倉家之《あさくらけの》拾七カ条《じゅうななかじょう》」として残っている。第一条は次のようなものだ。

「朝倉家において宿老《しゅくろう》を定むべからず。その身の器用忠節《きようちゅうせつ》によりて申し付くべき事」

宿老は、家老では最高職のポジション。朝倉家では、今後宿老を世襲制にしないとしている。能力主義の導入というわけだ。次の条項も伝統ある家とは思えないほど、合理性に富んでいる。

「高い名刀を1本持っていても、百本の槍に勝ることはない」

実際に孝景が残したものかどうかは確かではないが、こうした家風があったことは事実である。いわば社訓であり、朝倉家が戦国時代を迎えるにあたって、実力主義の人材活用を目指し、かつ、合理的な戦の方法を突き詰めていたことがわかるだろう。

ベテラン家臣がリーダーを支えた

朝倉家の中興の祖となった、7代当主の朝倉孝景。病死したあと、朝倉家は勢いが衰えると誰もが予想した。

だが、そうはならなかったのが、組織の面白いところだ。

大きな危機に直面すると、組織は団結力を発揮して強くなることがある。

朝倉一族の強力なバックアップのもと、後を継いだ氏景は甲斐氏との戦いにおいて、自軍を大勝利へと導く。斯波義良《しばよしすけ》は越前を諦めて、甲斐氏とは和睦。父と2代にわたっての越前平定が、ここに成し遂げられることとなった。

経営者の代替わりが行われるとき、会社組織はどうしても不安定になりがちだ。そんなとき、朝倉家のように伝統ある組織ならば、側近たちがうまくリカバリーに入ってくれやすい。非常時もまた経験を積むことで、平時と同じ対応が可能になる。連綿と続いてきた組織ならば、そのあたりの対応もそつなくこなせる。

氏景が死去したときもそうだった。37歳の若さで氏景が亡くなり、治世がわずか6年で終わると、息子の貞景がわずか13歳で家督を継ぐことになった。このときも、叔父の朝倉光玖《こうきゅう》がバックアップしている。

そして、貞景が39歳のときに鷹狩りの帰りに急死すると、嫡男の朝倉孝景が10代当主となる。孝景は、曾祖父にあたる第7代当主、孝景にあやかって、同じ名を名乗った。先代をリスペクトしての原点回帰。これも老舗企業ではよく見られる傾向である。

10代当主の孝景の治世においても、やはりベテラン家臣によって強力なバックアップがなされている。

その名は、朝倉宗滴《そうてき》。宗滴は、9代当主の朝倉貞景《さだかげ》も補佐した、まさに名参謀だ。

1503（文亀3）年に家臣の朝倉景豊《かげとよ》による謀反の企てを知ると、それを当主に密告して防ぎ、敦賀郡司に任命されている。以来、頭角を現して、朝倉家の政務と軍事を担った。宗滴の働きぶりは、事実上の当主ともいわれるほどだった。

リーダーが独断で決めづらい面はあるものの、経験豊富な人材からバックアップを受けられるのは、老舗の朝倉家ならではである。現代の会社に置き換えれば、ベテラン勢が豊富で安定感のある企業だったといえそうだ。

デキる男に頼りすぎて没落

重臣で当主を代々支えてきた朝倉宗滴が亡くなると、朝倉家は徐々に衰退。織田信長に滅ぼされてしまう

会社組織においても、宗滴のごとく、専務に就くような番頭的な存在がいると、リーダーも現場で働く人も、安心して力を発揮することができる。朝倉家が越前で勢力を保持し、全盛期を迎えられたのは、宗滴がいたからこそだった。

だが、問題は皆が番頭的存在に頼りすぎてしまう、ということである。

朝倉家を知り尽くした宗滴。17歳から実に12回にもわたって出陣し、敵軍を蹴散らしてきた。1506（永正3）年の九頭《くず》竜川《りゅうがわ》の戦いにおいては、30万を超える加賀一向宗らが越前に侵攻してきたが、総大将の宗滴が率いる朝倉軍は、夜襲をかけてこれを撃退。朝倉側は、わずか8000～

1万6000の兵だったというから、まさに伝説に残る戦いとなった。

加賀一向宗との戦いはそれからも続き、78歳という高齢になっても宗滴は、討伐のために出陣。その陣中に病で倒れて、命を落としてしまう。

臨終の際、宗滴は次のような言葉を遺《のこ》している。

「今すぐ死んでも言い残すことはない。でも、あと3年生き長らえたかった。別に命を惜しんでいるのではない。織田上総介《かずさのすけ》の行く末を見たかったのだ」

織田上総介とは、織田信長のこと。頭角を現した信長がこれから世の中心になると、宗滴は予見していたのだ。強者は強者を知る、とはこのことだろう。

宗滴の死後、第11代の義景が政務をとるが、同盟相手の武田信玄が陣中で病死すると、信長による侵攻を受け、1573（天正元）年の一乗谷城の戦いで、敗北を喫する。這《ほ》う這《ほ》うの体《てい》で一条谷へ退却すると、家臣たちに「天は我を滅ぼした。我が運命はまさに尽きてしまった」と嘆き、最後は自害。朝倉家は滅亡することとなった。

重臣たちが当主を支えて、安定運営してきた朝倉家だったが、ベテラン家臣たちにやや頼り過ぎたようだ。特に、宗滴が抜けた穴はあまりにも大きかった。

会社においても、重鎮の番頭がいるならば、在籍しているうちに教えを乞い、他の社員が吸収しておかなければならない。社内で経験者から積極的に学ぶ姿勢が確立されているかどうかが、大きなポイントとなるだろう。

なんだかんだで安定していた

朝倉家には、文化的な側面も強かった。

9代当主の貞景は画技に優れ、絵画を描くことが好きだった。後柏原《ごかしわばら》天皇から絵を寄贈されたこともある。

また、京都の清水寺には、朝倉堂という御堂がある。これは、1510（永正7）年に、応仁の乱の戦火で全焼した清水寺が復興した際に、貞景が本堂を模した「法華三昧堂《ほっけさんまいどう》」として寄進したもので、重要文化財に指定されている。貞景はその治世は短かったが、信仰深い文化人として、確かに歴史に名を刻んだといえるだろう。

10代当主の孝景のときは、朝倉家にとって最も安定した時期だったともいわれている。公家や文化人との交流も多く、孝景自身も歌道に熱心だったという。それでいて、兵法も論じたため、そのバランス感覚の良さから、次のようにも評された。

「文道を左に、武道を右にした風流太守《たいしゅ》」

ただ、最後となる11代当主の義景は、文化人と交流する貴族趣味に精を出し過ぎてしまったようだ。酒と女に溺れて、軍事力もすっかり衰えた。作家の松本清張は、企業になぞらえて、こう辛辣に表現している。

「老舗の大会社の社長が過去の実績にあぐらをかいて、退嬰《たいえい》主義による内部崩壊にも気づかず、新興勢力を軽蔑してフンゾリ返っているのに似ている」

変化の激しい戦国時代の真っ盛りにおいては、時代の移り変わりに対応できずに滅亡することとなってしまった。

しかし、最後はやや尻すぼみとなったものの、その長きにわたる越前での統治を踏まえれば、総じて安定していたと評価できる。

朝倉家は、動乱の世のなかでは、比較的安定して働ける老舗のホワイト企業だった。そういって差し支えないだろう。

長宗我部家
中央進出をもくろんだ上昇志向の地方企業

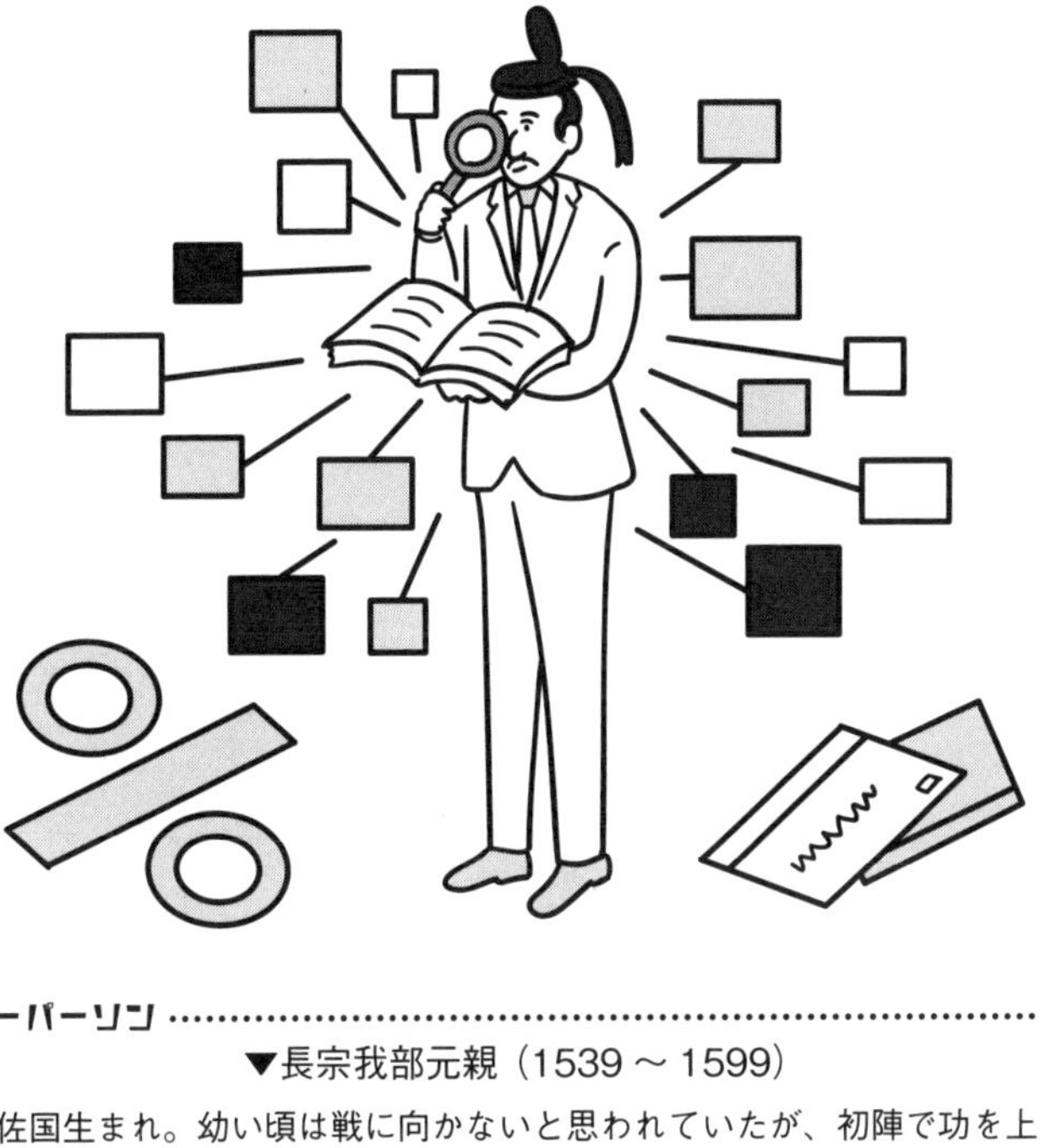

キーパーソン

▼長宗我部元親（1539～1599）

土佐国生まれ。幼い頃は戦に向かないと思われていたが、初陣で功を上げると周囲の期待が高まる。30歳頃には国人衆の争いが絶えなかった土佐を平定。その後、織田信長と同盟を結んで四国全土に勢力を拡大したが、敵対勢力が信長と結んだことで守勢に。信長死後は中央で勢いを増す羽柴秀吉の軍門に降って、土佐一国の大名となる。

天下人にはなり損ねたけれど

「何でも時代のせいにしてりゃあ、そりゃあ楽だわな」

紀伊國屋書店の創業者、田辺茂一の言葉である。

炭問屋の跡取り息子として生まれた田辺は、満21歳のときに炭屋の片隅で紀伊國屋書店を開業。戦火による被害を乗り越えて、書店の大型化を実現させた。そんな田辺からしてみれば、何かと時代のせいにしがちなビジネスマンに一言、言いたくもなったのだろう。

だが、長宗我部《ちょうそかべ》第21代当主にして四国を平定した戦国武将・長宗我部元親《もとちか》の境遇に、もし自分が置かれたならば、己の不運を恨みたくなるというものだ。

元親は1539（天文8）年、土佐の岡豊城《おこうじょう》に生まれた。

土佐は京から離れていたばかりか、罪人が送られるへき地でもあった。天下を狙うには、あまりにも地の利が悪かった。信長、秀吉、家康が日本の中心部、東海地方に生まれついたのとは対照的である。

田舎者だと、同時代を生きた信長から、元親は散々にバカにされている。信長は秀吉を「は

◎長宗我部家の版図（1582年頃）

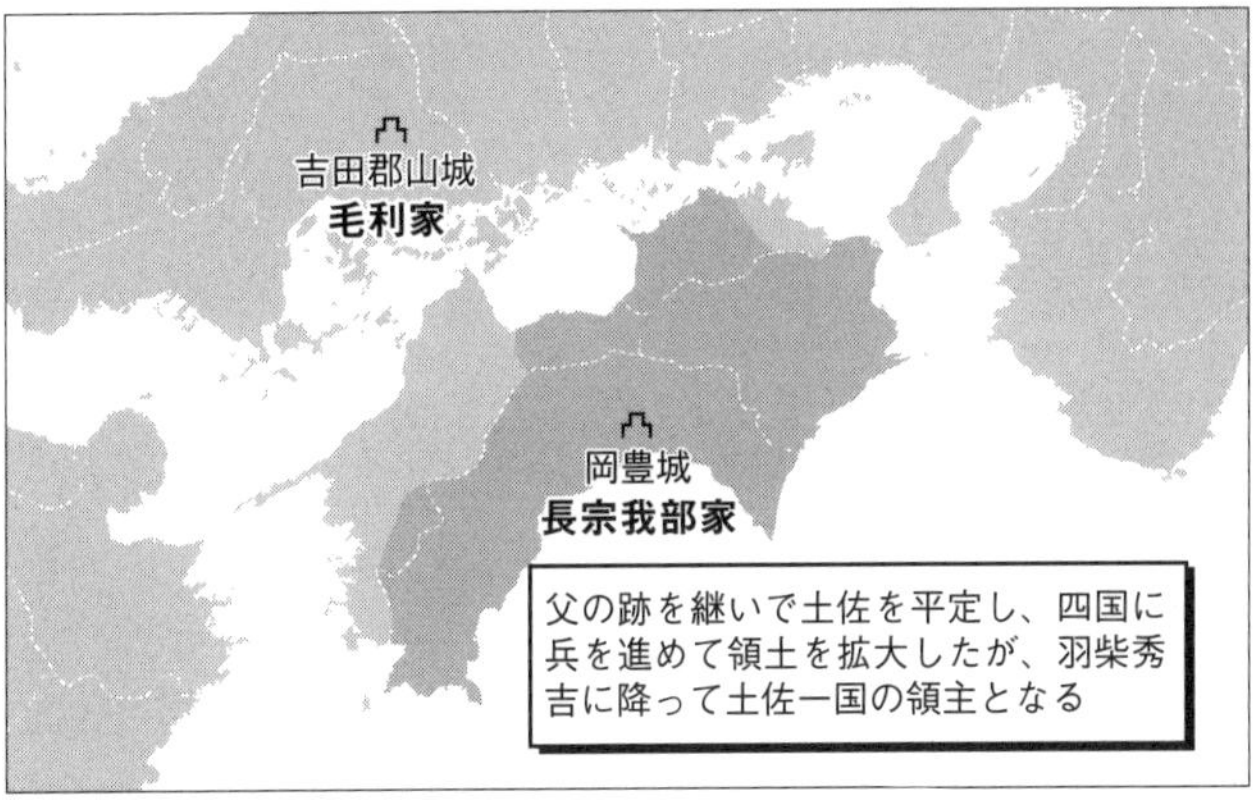

げネズミ」と呼んでいたように、とにかく口が悪い。元親のことをこう呼んでいた。

「鳥なき島のコウモリ」

自分でどうすることもできない要素で軽んじられることほど、悔しいことはない。だが、元親はその信長とも敵対することなく、信長の家臣、明智光秀との関係性を強化しながら、四国平定を果たしている。

だが、本能寺の変で信長が暗殺されると、状況は一変する。明智家と近かった元親は秀吉と敵対しなければならなくなってしまう。

秀吉によって土佐一国へと再び縮小されてしまった元親。秀吉の臣下になると、はるばる朝鮮半島まで遠征した文禄《ぶんろく》・慶長《けいちょう》の役にも参加させられている。

ある席で、元親は秀吉に割と鬱陶《うっとう》しいからみかたをされている。

「その方は四国統一を望んだのか、それとも天下統一を望んだのか」

秀吉のそんな問いに対して、元親はこう答えた。

「どうして四国を望みましょうや。天下統一を望んでおりました」

元親のムッとした顔が目に浮かぶようだ。秀吉はさらに問う。

「宮内少輔《くないしょうゆう》が器量で天下を望んでも、どうして叶うかものか」

今の宮内少輔の官位にある身で天下を望んでも、どうやって叶えられるというのか——。

意地悪な質問だが、元親はこう切り返している。

「悪い時代に生まれてきて、天下の主になり損ねました」

秀吉は1537年頃の生まれだから、元親より2歳ほど年上にすぎない。同世代に秀吉がいるという運の悪さを元親は嘆いたのである。

もっとも、この元親の返答で、秀吉はえらく機嫌がよくなったというから、その反応も織り込み済みだったのだろう。

地の利も悪く、時代も悪い——。

そのことを元親は十分に自覚していたからこそ、強敵との関係には人一倍、気を配っている。己の境遇を嘆くよりも現実的な対処を行うのが、元親だった。

逆境をはね返すリーダーの姿は、家臣たちの目にも焼きつけられたことだろう。

負けず嫌いでこっそり練習

元親の前に立ちはだかったのは、地の利の悪さや、秀吉の存在だけではない。そもそもの人間的な性質として、武将としての適性が周囲から疑われていた。

子どもの頃は、背はひょろりと高く色白で温和な性格だったという。他人とほとんど口を利かないほど無口で、いつも屋敷の奥へと引っ込んでいた。

その女性のような弱々しい風貌からつけられたあだ名は、「姫若子《ひめわこ》」。「槍の突き方も知らないうつけ者」と陰口を叩かれることもあったというから、完全にバカにされている。

父親の国親《くにちか》も、こんなことを言っていたとか。

「嫡男がこういうことであれば、長宗我部家も終わりだ」

だが、周囲の人間は知らなかったのだ。元親が、実は負けず嫌いだったことを。元親は、自分の低い評価を知ってか、長宗我部の一族である江村備後守親家《えむらびんごのかみちかいえ》から密かに武術の手ほどきを受けていた。

特訓の成果が披露されるのは、元親が21歳のときだ。宿敵である本山《もとやま》氏の家来を相手にした長浜城を巡っての長浜・戸ノ本の戦いにおいて、元親は初陣を迎える。ほとんどの人が、元親には何の期待もしていなかったに違いない。

だが、この戦において元親は50騎を率いてこう叫んだ。

「武士は命より名を惜しむべきである。一歩も引くな！」

勇ましさは言葉だけではなかった。元親の軍は実に70余りの首を上げたといわれている。

目覚ましい活躍に、周囲の評価は一転。その日から元親は「鬼若子《おにわこ》」と呼ばれるようになったというから、手のひら返しもいいところである。

こっそりと努力していたことが実を結んだ瞬間だといえよう。

情報戦も使ってダイナミックに成長した

◎元親による土佐侵攻

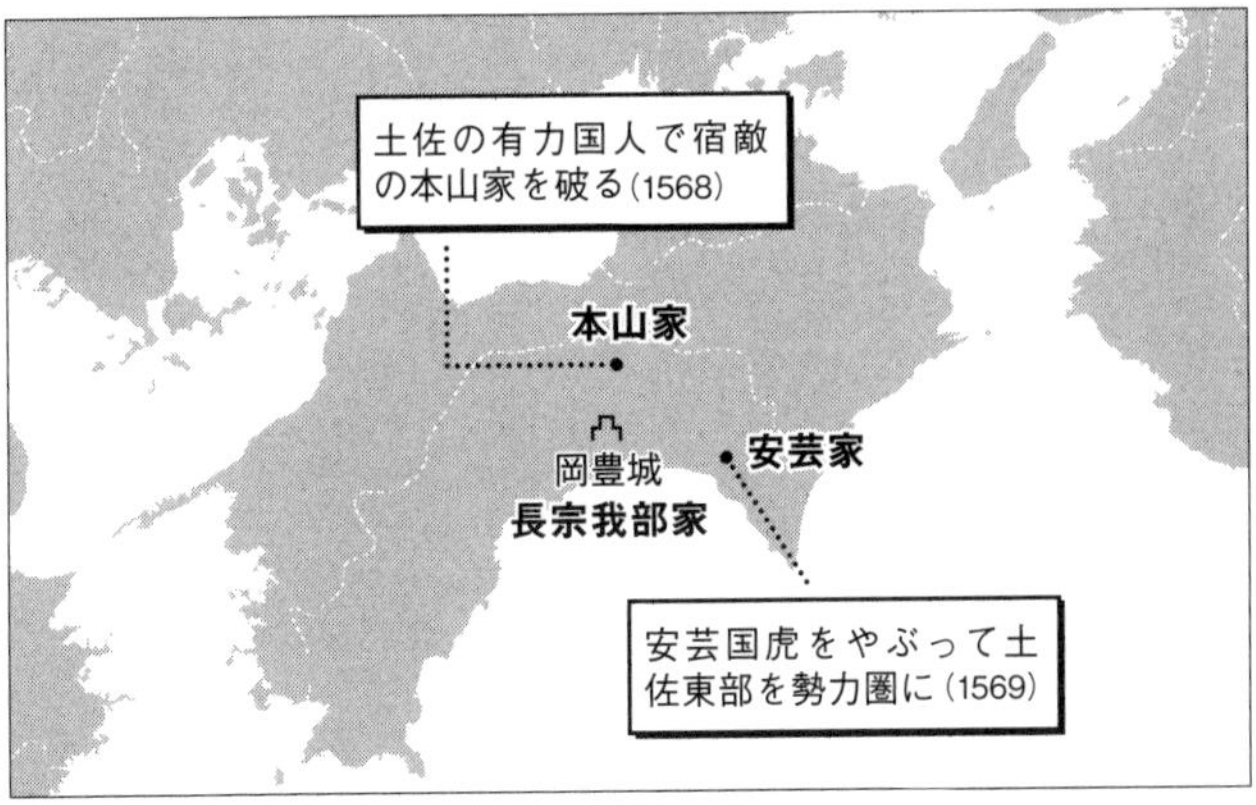

かつては陰気な息子を見限っていた父の国親も、たくましくなった息子に一家を託す覚悟を決める。臨終の際、元親にこんな言葉を贈った。

「宿敵の本山を討つ以外に私への供養はないと思え。親の死後に仏事をなさなければ、世間に笑われるので、7日間は慣習にならって喪に服すこと。だが、その後は喪服を脱いで甲冑《かっちゅう》に替え、軍議をいたせ」

喪服を脱いで甲冑に替えよ――。それほど長宗我部にとって本山は、打ち破らなければならない宿敵だった。

8年後、父の遺言を守るべく、元親は本山城を勝ち取り、父の宿敵だった本山茂辰《しげとき》は失意の中で病死。嫡男の親茂《ちかしげ》が降参し、長宗我部家は本山氏との戦いに、見事に勝利している。

同時期に、元親は、土佐東部の安芸郡を支配する安芸国虎《あきくにとら》とも戦って勝利。このときには、「城内の井戸に毒を入れた」という情報を流して、相手方をかく乱するという頭脳プレーを見せている。

おそらく、元親は初陣での勝利で周囲の評価を一転させたことで、確信したのだろう。物事には入念な準備が必要で、戦が始まれば状況に応じて策を練ることが重要だと。

自分の戦い方を心得ていた元親は、その武力をもって土佐を統一。そればかりか四国をも制覇してしまう。その勢いがあれば、「天下人の秀吉さえいなければ……」と元親が思うのも無理はない。

だが、元親の気持ちが折れることはなかった。

元親は秀吉によって、土佐一国に領土を縮められても、土佐の検地を進めて、1597(慶長2)年には、四男の盛親《もりちか》とともに「長宗我部元親百箇条」を発布。家臣と領民のために内政を固めていった。

その翌年、元親は病に倒れて病死。元親から家督を継いだ盛親が、第22代当主となるが、大坂夏の陣で敗れて、処刑されてしまう。盛親が、最後の長宗我部当主となった。

長宗我部家が現代の会社ならば、中央へ進出をもくろみ急成長した地方企業といったところか。成長していくダイナミックさを体験したいならば、ぴったりの環境といえそうだ。

自分の間違いを素直に認めた

地方企業に就職するとなれば、リーダーの人柄がより重要となってくる。実力は十分だった元親だが、どんな人物だったのだろうか。最後に、軍記物『土佐物語』から、こんなエピソードを紹介したい。

大きな仕事のあとには打ち上げがあるように、戦国時代も戦のあとには、酒を酌み交わす習慣があった。ましてや、長宗我部は土佐の出身である。土地柄、酒飲みが多く、時にはケンカになることもあった。

風紀が乱れてくれれば、為政者は対策をとらなければならない。元親は「禁酒のお触れ」を出して、飲み過ぎによるトラブルを防ごうとした。だが、元親自身はこっそりと酒を飲んでいた。もちろん、当主の身であるし、自分は酒を飲んで暴れたりしないという自信もあったのだろう。

だが、福留隼人という家臣が、元親のもとへ運ばれる酒樽を見つけたから、さあ大変。皆には禁止と言っておいて、自分だけ飲むのは許さん、とばかりに、福留はその2～3の酒樽をぶち壊してしまう。

酒が飲めなくなって気が立っていたのかもしれないが、相手は当主である。乱暴な行いを見た周囲が慌てふためくなか、福留はこう言い放った。

「手本となるべき上に立つ人間が、ルールに背いては正しい道は成り立たない。民衆を苦しめて、自分だけが楽しむなど、道理に外れている。このような主人ならば、それを改めなければ家臣とはいえない」

たとえ、自分が命を落とすことになっても構わない――。酒のことで、そこまでの覚悟を決めてやるべきことでもないような気もするが、言っていることはもっともである。

とはいえ、家臣の諫言《かんげん》ほど、上にとって煩わしいものはない。

「思ったことは何でも言ってほしい」などというリーダーに限って、イエスマンばかりを周囲に集めがちである。

だが、元親の度量は広かった。酒樽を壊した福留にこう感謝したという。

「私は幸せ者である。このような家臣を持ったことで長宗我部家も安泰だ。禁酒の法を出し

部下からの注意を聞き入れて謝る元親。長宗我部家の興亡を描いた軍記物に、家臣の諫言を聞き入れたというエピソードがある

ておきながら、自分で反する。こんな不義なことはない。最も人々が悪く思う行為であって、国を滅ぼし、家を失うものである」

そこまで自分を責めなくてもよい気もするが、ちょっとばかりの抵抗も見せている。

「だが、一度出した法をすぐに変えてしまうのはよくない。だから自分は福留の諫めにしたがって以後一切酒を止める」

これには、家臣たちの「違う！　そうじゃない！」という心の声が聞こえてきそうだが、もちろん、元親もその気持ちはわかってのこと。すぐに撤回するのは、さすがにかっこ悪いので、そう言ってみただけだろう。

そのあと、結局、次のようなお触れを出し直している。

「酒を禁じた法令は誤りであった。これを許すが、乱酒してはいけない　元親」

これにて一件落着だ。

リーダーといえども判断を誤ることはもちろんある。大事なのは、自分が間違えたときに、忠告してくれる人材を近くに置くことだ。

耳の痛い意見を聞き入れることができれば、部下からの信頼感は強固になる。だけれども、これを実践するのがなかなか難しい。

元親が優しくしたのは、家臣だけではない。敵将に対しても命乞いをしたものを殺すことはなかったという。そのうえ、敵将の嫡男を他国に逃すこともあれば、自分で面倒を見たりすることとすらあった。

やや強情なところはあったものの、元親には、人の上に立つのにふさわしい懐の深さがあった。

おわりに

新卒として入社して以来、18年間にわたって勤務していた出版社を、2020年7月で辞めることになった。40歳にして筆一本で生きていく道を選んだのだ。

本書『企業として見た戦国大名』は、フリーランスとなって、記念すべき第一作となる。会社に勤務していた頃を思い返さざるを得ないテーマであり、このタイミングでの刊行に、何か運命めいたものを感じてしまう。

私の勤務先はそれほど事業規模が大きい会社ではなかったし、私自身が編集長としてマネジメントをしたのも4年にすぎない。

ふり返れば、楽しいことばかりだったようにも思うが、やはり在職中はそれなりに悩みもあった。特に、管理職になってからは、自分の仕事よりも部員の仕事に使う時間が圧倒的に増え、だからこそのやりがいも大きかったが、一方で、自分でコントロールできないことに対するストレスも増えたように思う。

プレーヤーの頃と違い、思うようにいかない――。

すべては、自分の責任なのだが、その苛立ちが環境であったり、周囲の人たちであったり、いろんなところに向けられていたように思う。よいマネージャーにはなれなかった、という思いが、今だからなお強い。

自分で書いておいて何なのだが、本書の原稿を何度も読み返すうちに「会社に勤務していた頃に、この本と出合いたかったな」という思いを強くした。

何度となく思い出したのは、シェイクスピアの言葉である。

「他人もまた同じ悲しみに悩んでいると思えば、心の傷はいやされなくても、気は楽になる」

勇猛果敢な戦国武将たちもまた、現代を生きる私たちと同じようなことで苦悩し、格闘していた。そのことを知り、勇気づけられるような思いがした。

戦国大名を企業になぞらえたが、私の見方に対して、もちろん、読者からの異論、反論があることだろう。本書を一つのネタにしながら、「自分だったら、この戦国武将のもとに仕えてみたいな」と楽しんでいただければと思う。

今回も、1人の武将の原稿を送るたびに、励みになる感想と的確なアドバイスをくれた担当の名畑諒平さんにお礼を申し上げたい。また、本書を読了してくれた、すべての読者の方に心から感謝する。

2020年8月　真山知幸

【参考文献】

太田牛一、中川太古『現代語訳　信長公記』（新人物文庫）
西ヶ谷恭弘『考証 織田信長事典』（東京堂出版）
加来耕三『信長の謎―徹底検証』（講談社文庫）
和田裕『織田信長の家臣団―派閥と人間関係』（中公新書）
本郷和人『信長：「歴史的人間」とは何か』（トランスビュー）
金子拓『織田信長 不器用すぎた天下人』（河出書房新社）
橋場日月『新説 桶狭間合戦―知られざる織田・今川 七〇年戦争の実相』（学研新書）
小和田哲男『豊臣秀吉』（中公新書）
鈴木良一『豊臣秀吉』（岩波新書）
日本史史料研究会『秀吉研究の最前線』（歴史新書y）
清水克行『耳鼻削ぎの日本史』（歴史新書y）
真山知幸『大富豪破天荒伝説』（東京書籍）
本多隆成『定本 徳川家康』（吉川弘文館）
日本史史料研究会、平野明夫『家康研究の最前線』（歴史新書y）
藤井譲治『徳川家康』（吉川弘文館）
笠谷和比古『徳川家康：われ一人腹を切て、万民を助くべし』（ミネルヴァ書房）
佐藤正英『甲陽軍鑑』（ちくま学芸文庫）
平山優『武田氏滅亡』（角川選書）
笹本正治『武田信玄　伝説的英雄像からの脱却』（中公新書）
今福匡『上杉謙信「義の武将」の激情と苦悩』（星海社新書）
石渡洋平『上杉謙信（シリーズ・実像に迫る14）』（戎光祥出版）
伊東潤、乃至政彦『関東戦国史と御館の乱～上杉景虎・敗北の歴史的意味とは？』（歴史新書y）
乃至政彦『上杉謙信の夢と野望』（歴史新書y）
渡辺三省『越後歴史考―越後の新田系諸族および謙信、戊信戦争など』（恒文社）
吉田龍司『毛利元就：「猛悪無道」と呼ばれた男』（新紀元社）
岸田裕之『毛利元就 武威天下無双、下民憐愍の文徳は未だ』（ミネルヴァ書房）
堺屋太一、百瀬明治他『毛利元就―「はかりごと多きは勝つ」

秀吉が、そして家康が畏怖した男』（プレジデント社）
池享『知将・毛利元就―国人領主から戦国大名へ』（新日本出版社）
大石泰史『今川氏滅亡』（角川選書）
日本史史料研究会監修、大石泰史編『今川氏研究の最前線』（歴史新書y）
黒田基樹『戦国北条五代』（星海社新書）
黒田基樹『北条氏康の家臣団』（歴史新書ｙ）
黒田基樹『北条氏政』（歴史新書ｙ）
ルイス・フロイス著、松田毅一訳、川崎桃太訳『完訳フロイス日本史〈１〉将軍義輝の最期および自由都市堺―織田信長篇（１）』（中公文庫）
丸島和洋『真田四代と信繁』（平凡社新書）
平山優『真田三代』（ＰＨＰ新書）
外山幹夫『大友宗麟』（吉川弘文館）
佐藤憲一『伊達政宗の手紙』（新潮選書）
南奥羽戦国史研究会編『伊達政宗―戦国から近世へ』（岩田書院）
長宗我部友親『長宗我部』（文藝春秋）
真山知幸『独裁者たちの人を動かす技術』（すばる舎）
小和田哲男『戦国武将の実力 ―１１１人の通信簿』（中公新書）
小和田哲男『戦国武将の手紙を読む―浮かびあがる人間模様』（中公新書）
鍛代敏雄『戦国大名の正体　家中粛清と権威志向』（中公新書）
成本昌広『軍需物質から見た戦国合戦』（吉川弘文館）

【参考サイト】
乃至政彦「織田信長の《天下布武》に幕府再興の意味はない!?」（JBpress）
https://jbpress.ismedia.jp/articles/-/61091

著者略歴
真山知幸（まやま・ともゆき）
著述家、偉人研究家。
1979年、兵庫県生まれ。2002年、同志社大学法学部法律学科卒業。2006年、『トンデモ偉人伝』で著述家デビューし、2011年の東日本大震災を機に、筆名を「真山知幸」へ変更。『君の歳にあの偉人は何を語ったか』『不安な心をしずめる名言』『大富豪破天荒伝説』『最高の人生に変わる天才100の言葉』『ざんねんな名言集』など著作約40冊。『ざんねんな偉人伝』『ざんねんな歴史人物』は計20万部を突破しベストセラーとなった。業界誌出版社の編集長を経て、2020年より独立。名古屋外国語大学現代国際学特殊講義（現・グローバルキャリア講義）、宮崎大学公開講座などでの講師活動も行い、メディア出演多数。モットーは「短所は長所の裏返し」。

メール：mayama.tomoyuki@gmail.com

イラスト：平松慶

企業として見た戦国大名

2020年9月23日　第1刷

著　者　真山知幸

発行人　山田有司

発行所　株式会社彩図社
東京都豊島区南大塚3-24-4
MTビル〒170-0005
TEL：03-5985-8213　FAX：03-5985-8224

印刷所　シナノ印刷株式会社

URL：https://www.saiz.co.jp
Twitter：https://twitter.com/saiz_sha

　ISBN978-4-8013-0475-8 C0021